プラグマティズムを学ぶ人のために

加賀裕郎／高頭直樹／新 茂之［編］

世界思想社

✣プラグマティズムを学ぶ人のために✣目次

第Ⅱ部 プラグマティズムの展開

序　現代哲学における
プラグマティズムの位置づけ

伊藤邦武

1　二つの現代哲学

開かれた柔軟な哲学

プラグマティズムという思想が基本的に問おうとするのは、われわれが真理を求めようとする場面にあって、自分が採用するべき対話の形式や、問答の枠組みのあり方である。この哲学思想は開かれた柔軟な哲学という特徴をもっていて、これこそがどうしてもプラグマティズムの基本原理でなければならないというような、一つの硬直したテーゼを中心に据えているわけではない。とはいえ、本書の全体から浮かび上がってくる通り、この哲学思想の歴史には多様なアイデアの展開の中に、いくつかの共通の発想があることは間違いないところである。それでは、その共通の発想とは何なのか。このことをここでは本書の入り口となる「序」として、「現代哲学におけるプラグマティズムの位置づけ」という角度から、簡単に考えてみることにしたい。

さて、われわれが「現代哲学」という言葉を使うとき、その意味はだいたい二通りあると考えられるはずである。このことを最初に注意しておく必要があるだろう。

現代哲学とは何か――第一の意味

まず、第一の意味での「現代哲学」において使われる「現代」は、かなり幅広い意味の現代という時代を指していて、現代哲学とはまさに、それ以前の中世や近世・近代の哲学と対比される限りでの、現代の哲学ということを意味している。この意味で言われる現代哲学とは、一九世紀後半から主として二〇世紀の全般にわたる時代の哲学という意味をもっている。

他方、「現代哲学」のもう一つの意味での「現代」は、もっと狭い意味での現代ということを指していて、簡単にいえばわれわれが生活しているこの現代、つまり二一世紀の今日の世界における哲学ということを意味している。

現代哲学におけるプラグマティズムの位置づけというテーマで考える場合、したがって、これら二通りの意味の現代哲学について、それぞれ考えてみる必要があることになる。プラグマティズムは近世の哲学との断絶においてみられる現代哲学の諸潮流において、どのような位置を占めているのだろうか。これが一つの問いである。もう一つの問いは、今世紀の哲学上の議論の流れの中で、プラグマティズムはどのような特徴をもった思考活動なのか、ということにある。これが二番目の問いである。

まず、第一の意味での現代哲学ということを考えると、それは基本的にはR・デカルトからI・カント、G・W・F・ヘーゲルに至る近世哲学との対比ということになるので、この近世哲学をどのように特徴づけるのかということから、それと対比される現代哲学ということが問われるであろう。近世哲学の根本的な特徴とは何か、また、それとのコントラストの下で考えられる現代哲学の根幹とは何か。この問題はもちろんここで簡単に答えられるような単純な問題ではないが、とりあえず「西洋近世の父」デカルトを参照点として考えれば、少なくともカントまでの西洋哲学は、デカルト的な観念や表象を基礎にした哲学によって特徴づけることができるだろう。

したがって、広い意味での現代哲学とは、おおざっぱにいえば、デカルト的な認識論や存在論と対比されるべき、反デカルト主義の哲学ということになるだろう。そして、この意味での「現代哲学におけるプラグマティズムの位置づけ」ということであれば、それは反デカルト主義としてのプラグマティズムがどのような性格をもっているのか、ということに帰着することになるはずである。

現代哲学とは何か——第二の意味

他方、第二の意味での現代哲学ということを考える場合には、二〇世紀の哲学と対比されるような今世紀の哲学ということになるので、その特徴や性格、方向性などを考えることはかなり難しいことである。というのも、二〇世紀の世界の哲学にはいろいろな思潮が含まれているので、その中心的な発想を一つの焦点へとまとめてみることは容易ではないからである。さらに、われわれのこの世紀、つまり二一世紀はまだ二〇年にも満たないのであるから、その特徴や性格がはっきりしているとはとても言えないからである。

しかし、この点についてもとりあえず、二〇世紀前半の主流的な哲学との対比で、今日の哲学的傾向ということをおおざっぱに考えるとすれば、今日の哲学的問題意識の中心には、グローバル化された現代世界における、非常に強く意識される多元的真理や文化の多様性ということがあるとは言えるであろう。たとえば、二〇世紀の主流とも言うべき現象学や実存主義、あるいは論理実証主義などにおける、それぞれの立場での「真理」という概念の意味の確定性ということをみるならば、今日の哲学的関心がそうした真理の一元的理解への批判というところに、一つの思想的支柱があるとは言えるであろう。したがって、この狭い意味での「現代哲学におけるプラグマティズムの位置づけ」ということを考える場合には、現代の多元主義的思潮の中で、プラグマティズムはどのような思想的貢献をするのか、という問いに帰着するということになるであろう。

現代哲学の意味を以上のように二通りに解釈した場合、その解釈の下でのプラグマティズムの位置づけとは、したがって、一方では反デカルト主義としてのプラグマティズムの位置づけということになるであろうし、他方では多元主義的哲学としてのプラグマティズムの位置づけということになるだろう。このことはしかし、まさにこの思想の源泉に位置する二人の思想家が抱いていた問題関心に沿って、この哲学の特徴を考えるということを意味する。つまり、現代哲学の中のプラグマティズムの意義を考察するということは、まさしく本書の第I部「古典的プラグマティズム」の冒頭に出てくる、C・S・パースの問題関心とW・ジェイムズの問題関心というレンズを通して、現代の哲学動向を考察することと等しい。このことは、これらの思想家に関して多少とも理解をもっている人々にとっては、かなりみやすいことであろう。この序文のはじめに、プラグマティズムは開かれた柔軟な思想であると述べたが、この柔軟さはまさに、二通りに理解できる現代哲学としてのプラグマティズムが作り出す独特のダイナミズムに、由来しているのである。

本書の以下の各章では、このダイナミズムを担った思想家たちのそれぞれ特徴ある哲学が示されると同時に、現代の多様な哲学上の問題領域の中での、この思想の主張に光を当てるであろう。その入口にあたるこの序文では、以下の各章に入る前の下準備として、とりあえず現代哲学の中でのこの思想の位置を概括的にみて取るために、反デカルト主義という観点と、多元主義（Pluralism）という観点から、この思想の骨格をスケッチしておくことにしたい。

2　近世と対比される現代の哲学としてのプラグマティズム

反デカルト主義——パースの見方

プラグマティズムの祖は一般にパースであるとされている。彼のプラグマティズムは、一八七〇年代にハーヴァード大学の形而上学クラブを舞台に形成され、『月刊ポピュラー・サイエンス』の連続論文で展開されたのであるが、その反デカルト主義としての思想のルーツはこれよりも古く、すでに一八六〇年代に『思弁哲学雑誌』に発表した連続論文で、観念と内観を軸とするデカルト的認識のモデルを批判していた。彼はデカルトなどの合理論とJ・ロックなどの経験論に共通の認識的前提として、「内観」「確実な自己認識」「記号抜きの思考」「物自体の認識」が可能であると想定されていたことを指摘し、これらが心理学的事実としても、認識論的有効性としても、否定されるべき誤った想定であることを指摘した。パースはこのデカルト型のモデルに代えて、常に記号過程によって媒介された、推論的、推移的認識のモデルを採用するべきだと説いたのである。

彼が「プラグマティックな意味の格率」（第1章「パース」2節「プラグマティズムの格率の基本」以下で、詳しく解説している）を発表した『月刊ポピュラー・サイエンス』の連続論文は、この思想の公式の表明として有名であるが、そこでは探究の論理に関する議論の文脈で、デカルト的な過剰懐疑に対する批判も展開され、これはその前の認識の内観モデルによるデカルト批判をさらに強化するものであった。パースの推移的・記号的な認識のモデルによれば、われわれの思考過程は信念と懐疑のダイナミックな交代の過程であり、この過程において、デカルトが想定したような信念の体系の全面的な白紙撤回はありえない。

われわれにとって重要な懐疑は、いくつかの信念に基づいて「実際の疑念」が生じた場面でのみ生じる「生きた懐疑」であり、それ以外に、認識の基礎を確定するために思考実験的に想定できるような、方法論的懐疑や過剰な懐疑はありえない。それが可能であると考えるのは一種の自己欺瞞であり、それゆえに、近世の認識論的基礎づけの作業がこの懐疑から出発しているとすれば、それはまさに自己欺瞞の上に打ちたてられた偽りの哲学的企てなのである。

反デカルト主義——デューイの見方

このように、プラグマティズムの元祖パースの反デカルト主義は、きわめて明快なものであったが、言うまでもなく、二〇世紀の哲学の主要な哲学がすべて彼とともに、反デカルト主義を共有しているかと言えば、そうではない。たとえば、『デカルト的省察』などの著作に代表されるように、デカルト主義の復活という方向に進もうとしたE・フッサールの試みもある。また、そこから派生したM・ハイデガーやJ＝P・サルトルの哲学にしても、自分自身の存在の意味について問う現存在を出発点にしている意味で、デカルト主義の傾向を残している思想だと理解することも可能である。

しかしながら、現代の哲学的思潮を西洋の近世哲学ないし近代哲学への批判とし、それに「反デカルト主義」という性格づけを与えることは、プラグマティズムの歴史の内部では、しばしば強調されてきた重要な論点である。その典型的な例は、二〇世紀の前半ではJ・デューイの『確実性への希求』（一九二九年）でみられ、後半ではR・ローティの『哲学と自然の鏡』（一九七九年）の議論にみられる。

デューイは西洋哲学の歴史の根本的性格を論じたこの作品で、古代ギリシア以来の西洋の哲学の歴史が、「観察者・傍観者」としての認識者というイメージにとらわれた思想伝統であることを論じ、この認識者のイメージを近世において全面的に展開したのがデカルトであり、その図式の不安定さを露呈したのがカントであるとした。

G・ガリレイやI・ニュートンに代表される近世の物理学は、世界が常に流動し、変化し、運動しているものであることを解明しようとしたが、デカルトらの近世哲学者が求めたのはそうした変化の基礎にある機械論的力学の原理であり、その原理そのものはさまざまな偶発的事実とは独立に実在していて、永遠に妥当するものであると考えられた。したがって、近世・近代の哲学は、世界の変動的、偶発的本性に目を向けつつ、同時にそれを永遠の世界の表れとして了解すべきであるとする、ある種の保守主義を採用した。「コギト・エルゴ・スム」と「神の誠実性」を基礎に置いたデカルトの確実知の確保の試みは、この保守主義のもっとも典型的な事例であるが、このような試みの不安定性は、現象と物自体との分裂を余儀なくされたカントの認識論によって如実に露呈することになった、とされるのである。

反デカルト主義——ローティの見方

他方、ローティはデューイの五〇年後に、デューイが批判した知識についての傍観者説を、人間の精神を「自然の鏡」というメタファーで捉えるモデルだと再解釈した。「自然の鏡としての精神」とは文字通り、人間の精神が自然の姿を映し出す鏡であるという発想である。ローティによれば、人間の心の働きについてのこうしたイメージは、コギトとしての精神が自らの内なる観念を直接に意識するデカルトの心の概念から始まって、経験を通じて観念の体系を充実させていくロックの議論でも、自らの受動・能動の作用を通じて現象界に関する「表象」を構成していくカントの議論においても等しく認められている（本書第Ⅱ部「プラグマティズムの展開」は、まさにこのローティの発想を中心にしている）。

しかもローティによれば、このイメージはデカルト的な意識と観念を柱とする認識論が、言語とその意味を問題にする言語分析の哲学に移行しても、実質においては変わらない。R・カルナップ（一八九一—一九七〇）らの論理実証主義が確保しようとした認識の有意味性とは、依然として外的世界を正しく映し出す表象としての言表や命題に関して問われているのであり、「自然を映し出す鏡」というイメージは近世の哲学から出発して二〇世紀前半の哲学にまで息長く付きまとっているのである。

反デカルト主義の帰結

さて、デューイやローティはこのように、近世以来の西洋哲学の基調をデカルト主義的な基礎づけ主義にあるとするのであるが、こうした議論の源泉が、プラグマティズムの生みの親であるパース自身のデカルト批判にあることは疑えない。とはいえ、他方で、デューイやローティが以上のような哲学史的洞察からの「帰結」とした主張が、現代においてそのままそっくり承認できるものであるか、ということについては相当に慎重な検討が必要だということも事実である。デューイは「確実性への希求」に代えて「保証つきの言明可能性」を求めるような、探究の論理の構築を提唱したが、この探究の論理がパースやG・フレーゲ（一八四八―一九二五）と同じくらい明確な仕方で、論理的推論の手法や技術についての分析を与えることができたかどうかは、冷静に判定するべき問題である。

また、ローティはデューイの「保証つきの言明可能性」をさらに一般化して、「真理とは共同体における連帯の別名である」というテーゼを展開したが、彼は真理に関する一種の「消去主義（Eliminativism）」とも言うべき真理理解に沿って、確実性への希求を放棄した後の哲学的考察の目標は、ポスト哲学的文化の推進にあると主張した。その具体的な内容は、異種的なディスコースどうしの対話可能性を橋渡しするような、解釈学的作業であると言うのである。しかし、これらのテーゼが、パースに源泉をもつ反デカルト主義的哲学の模索の過程の、最終的帰結となるのかどうか。このことは、単に広い意味での現代哲学に特有な反デカルト主義の是非にとどまらず、より狭い意味での現代哲学という舞台において問われるべき、多元的世界観における真理の意味という中心的テーマにもつながっている。そこで、以下ではこちらの意味での現代哲学において熱心に議論されている、多元主義とプラグマティズムの関係についてみてみることにしよう。

3　二〇世紀と対比される二一世紀の哲学としてのプラグマティズム

多元主義とは

哲学の長い歴史において多元論ないし多元主義は、いろいろな形で登場してきた。そして、現代哲学の舞台においてもこの思想は重要な役割を担っている。たとえばデカルトやB・スピノザの二元論、一元論に対比される仕方で世界の多元的構成を語ったG・ライプニッツの哲学は、存在論としての多元主義の典型であるし、全体主義やマルクス主義の政治哲学に内包される西洋近代的な合理主義に対抗する形で、価値や生活様式の多様性を強調するJ＝F・リオタール（一九二四―一九九八）などのポストモダニズムの思想も、現代における多元主義の一つの表れであろう。

特に、現代における多元主義のもう一つの典型である、倫理学におけるアリストテレス的善の多元性の理論のリヴァイヴァルは、プラグマティズムの思想とも重なるところを多分にもっている。アリストテレスは存在論における類の多元性を強調し、人間的幸福を可能にする善や徳の多元性についても主張することで、究極的な善のイデアを頂点とするプラトン的な一元的体系化に批判を加えた。このうち、道徳哲学に関する価値の多元性については、A・マッキンタイアー（一九二九―　）やC・テイラー（一九三一―　）、M・サンデル（一九五三―　）などによって有名になった、いわゆる共同体主義の倫理学、ネオ・アリストテレス主義としての徳倫理学の形で、現代哲学において大きな支持を与えられている。

多元主義——ジェイムズの見方

他方、現代哲学における存在論としての多元主義は、パースの盟友であり、プラグマティズムの洗練と普及にもっとも大きな寄与をなしたW・ジェイムズによって、先鞭をつけられたとみることができる。彼は当時イギリスやアメリカで大きな支持を得ていた、ヘーゲル主義や新ヘーゲル主義と対抗するために、『多元的宇宙』を著して、世界の中に見出される多様な関連性は、連続から近接、離接など、さまざまな異種的関係性からできており、世界全体を汎通的に統括するような一通りの論理は何もない、と説いた。彼はこのヴィジョンによって、世界が「閉じた宇宙」ではなく「開かれた宇宙」であることを示そうとしたが、この形而上学に対応するような新しい「真理」概念の必要性をも強調した。

真理とは信念における外的事実との「対応」ではなく、信念どうしの「整合性」でもない。真理とはわれわれの行為をスムーズに導くための道具となる、有用な信念のことである。本書の第I部で示されるように、パースはプラグマティズムを「意味の格率」の観点から定式化したが、友人のジェイムズはこの思想を「真理論」の角度から説明することで、プラグマティズムのより広い範囲での応用可能性を鮮やかに示したのである。

さて、倫理学や社会哲学における共同体主義は、二一世紀という現代の多文化間の共存、交流に即した、多元的価値観の存立の可能性という問題意識に即して生まれたと考えることができるだろう。こうした多文化間の交流は、グローバルなレベルでの交通手段や情報交換の方法の飛躍的な発達によって可能になったものである。そして、そこから生まれた多元的価値観の存立の可能性という問題意識が、ジェイムズ以来のプラグマティズムの伝統と共鳴する面をもつことは疑いのないところである。プラグマティズムがまさにこの角度から、二一世紀の哲学としての積極的な発言を行う用意があることは、倫理学、教育学、民主主義やリベラリズムなど、多様な問題などを扱う本書の第Ⅲ部「プラグマティズムと現代哲学」をみることで、十分に読み取れることと思う。

しかしながら、今世紀のプラグマティズムの役割に関しては、こうした社会哲学、実践哲学の角度だけではなく、存在論や真理論における多元主義との関係でも、この思想のもつ意義について注意を払うことが重要である。実践哲学や社会理論における多元論の興隆が、現代の高度な情報社会と多文化共存の現実に根差しているとすれば、存在論や認識論における多元主義の方は、ジェイムズの時代のヘーゲル主義への対抗という議論を超えて、今日では、パラダイムや言語ゲームの多種性、異種性への関心の高まりに相即的なものであると考えられる。そして、この角度からのプラグマティズムの位置づけを確認しておくことは、元祖であるジェイムズの問題意識との連続性を確保するためにも、必要な作業であろう。

ローティの真理論

先に触れたように、ローティは現代のプラグマティズムの中心的な主題が、ポスト哲学的思索における、ヘテロジニアスなディスコースの媒介者としての解釈学にあるとした。この思想はまさにジェイムズ的な多元論の容認と、「信念の真理とはその道具としての有用性にある」という、ジェイムズ・デューイ的な真理観に裏打ちされている。しかも、彼の議論はこの真理の道具説にT・S・クーン（一九二二―一九九六）のパラダイム論やL・ウィトゲンシュタインの言語ゲーム論、あるいはクーンの根底的翻訳の不確定性テーゼなどを重ねることで、より現代的な装いを備えたプラグマティズムの真理論を提示した。それは、真理が有用性へと読み替えられるだけでなく、連帯の別名であるとされることで、真理という概念の廃棄ないし消去を求めるような真理論であると理解することができる。

現代哲学の真理論の系譜において、真理に関する「消去主義」という発想が一定の支持を得ていることは、広く知られているであろう。現代における真理に関する消去主義は、真理概念がそれ自体としての意味内容、内包、定義などをもたず、単なる発話者の強調の表現であるとか、「文「S is P」は真である」という文の中のかっこをはずして、「S is P」という裸の文へと翻訳するための、脱引用符の役割しかもたない、など、さまざまな形で表現される。

真理とは連帯の別名であるとするローティの真理論は、この種の立場と非常になじみのよいものであるが、そうであるとすると、現代哲学におけるプラグマティズムの位置を考えるときに、その焦点を真理に関する消去主義との関係、という角度から考察することもできることになるだろう。つまり、狭い意味での二一世紀の現代哲学としてのプラグマティズムにとっては、ローティ流の真理論を容認して、消去主義の一翼を担うのか、それとも真理についての別の立場を模索するのか、ということがこの思想の性格づけに大きくかかわってくるということになる。そこで、最後にこの点について少しだけ瞥見して、この序を終わることにしよう。

真理に関する消去主義とセラーズの哲学

この点で特に問題になるのは、ローティがその言語哲学的主張の一つの支柱とした、W・セラーズの哲学の意義である。ローティは論理実証主義的科学論を否定して、クーン的な知識の多元主義を強調するために、W・V・O・クワインの認識論的全体論を援用するだけでなく、セラーズの「所与の神話」という議論を活用した。彼はこの議論によって、感覚的知覚に直接与えられる経験的データの基礎づけ的役割を否定したのであるが、セラーズの哲学がこの議論によって強調しようとした、われわれの認識と信念のネットワークがもつはずの、「理由の空間」という観点のもつ重要性については、大きな注意を払わなかった。

ところが、セラーズが長年哲学教師として活躍したピッツバーグ大学に属する、ローティよりも若い哲学者たちは、この点がローティのプラグマティズムの「中途半端」な性格を示している、と解釈した。この種のピッツバーグ学派に属する代表的な思想家は、R・ブランダム（一九五〇— ）やJ・マクダウェル（一九四二— ）といった人々であるが、特にブランダムはローティの直系の弟子でありながら、師の消去主義的真理論を批判しつつ、デカルトや論理実証主義の「自然の鏡」のモデルではなくて、ある種のヘーゲル主義に立脚するような、新たな真理概念を採用するべきだと主張した。

セラーズは、感覚的経験が信念の真理主張の根拠になるのは、それが因果的な作用をもつからではなく、「理由の空間」の中で一定の場所を占める権利をもつからである、ということを強調した。そして、この空間はまさに理性的な理由づけや根拠の提供という目的の下で設定された、さまざまな正当化のルールによって構成された世界であるという意味で、きわめて規範的な性格をもっている。つまり、何らかの信念がこの空間において真理としての資格を要求することができるとすれば、この要求は規範的ルールを基礎にした要求という意味で、単なる用語論上の感情的強調とも異なるし、統語論的な角度からする脱引用符の働きとも異なっている。つまり、真理はストレートに消去されるような概念とは言えないのである。

現代のプラグマティズムが、もしもこうしたセラーズの議論への傾斜を強めているとすれば、それは今日の消去主義的真理論とは袂を分かつはずである。場合によっては、このことは現代のプラグマティズムの方向がむしろ、真理とは認識における有用な道具であるとした、ジェイムズやデューイの思想とは逆行する方向に向かっている証拠だと思われるかもしれない。しかし、おそらくはそうではないであろう。ジェイムズやデューイにあっても、真理は決して消去してしまってよい、認識論上の余分な概念ではなかったはずである。そのことを確認するためにも、古典的プラグマティズムから説き起こす本書のストーリーを、以下に順番に追っていってほしいと思う。

［参考文献］

C・S・パース、W・ジェイムズ、J・デューイ『プラグマティズム古典集成』、植木豊編訳、作品社、二〇一四年。
R・ローティ『哲学と自然の鏡』、野家啓一監訳、産業図書、一九九三年。
伊藤邦武『プラグマティズム入門』、ちくま新書、二〇一六年。

I

古典的プラグマティズム

パース，ジェイムズ，デューイが
経験主義を守りながら何を問おうとしていたのか，
古典的プラグマティズムの要点をつかむ。

第Ⅰ章　パース

新　茂之

1　論理学者としてのパース

パースの父ベンジャミン・パース

チャールズ・サンダース・パース（Charles Sanders Peirce, 1839-1914）は、プラグマティズムを首唱した一人である。哲学者としてのパースの立場を端的に表しているのは、多くの研究者が参照するように、「プラグマティズムの格率」である。しかしながら、パースは、一方で、数学者であり論理学者である。パースの父ベンジャミン・パース（一八〇九―一八八〇）は、ハーバード大学で数学者として教鞭を執っていた。ベンジャミンは、早くから息子の才能を見抜き、幼いころからチャールズの教育に心血を注いだ。数学者のベンジャミンがチャールズに与えた影響は看過できない。

ブールの影響

その証拠に、形式論理学の現代的な発展に対するチャールズ・パースの貢献は、日本ではそれほど知られていないけれども、大きい。アリストテレス以来の古い形式論理学に刷新をもたらしたのは、英国の論理学者G・ブール（一八一五―六四）である。ブールは、「馬」とか「人間」とかといった、ものの集まりを表すことばに注目し、足し算とか掛け算とかを援用して、論理を集合の算術的な計算として展開しようとした。パースは、早くからブールの発想に関心を示していた。パースの研究の経歴は、一八六〇年代に形式論理学の論究とともに始まる。

ド・モルガンの影響

ベンジャミン・パースとブールの他にパースの研究を左右した人物は、英国の論理学者A・ド・モルガン（一八〇六―七一）である。ド・モルガンは、「親」とか「兄」とかといった関係を含むことばに着目した。それを受けて、パースは、ブールが企てた論理の集合的計算化を、ド・モルガンが照準を定めた関係にまで拡大して、彼らの取り組みを統合しようとした。しかも、パースは、一九〇三年という日付の入った未公刊の草稿の中で、形式論理学をめぐってそれまで積み重ねてきた研究の刷新を図ろうとしている。パースが二〇歳ぐらいのときに着手した研究は、生涯にわたってパースを支え続けた。

本章のねらい

それでは、哲学者としてのパースの局面を表しているプラグマティズムの格率は、論理学者としてのパースの考え方とどのように結びついているのであろうか。本章では、それらのつながりを摑み、形式論理学を視野に納めて、パースのプラグマティズムの基本的な考え方を浮かび上がらせてみたい。

2　プラグマティズムの格率の基本

プラグマティズムの格率

パースのプラグマティストとしての立ち位置を示しているのは、多くの研究者が指摘するように、いわゆる「プラグマティズムの格率」である。パースは、一八七八年の「われわれの観念を明晰にする仕方」の中で、プラグマティズムの格率を次のように提起している。

われわれの考えの対象に、実際的な行為と関連のあると考えられもする、どのような効果があるのか、それを考察しなさい。そのとき、そうした効果に関してわれわれがもつ考えは、当の対象に関してわれわれがもっている考えの全体である。

プラグマティズムの格率は、ある考えの意味をはっきりさせたいときに満たすべき要件を明らかにしている。それに従えば、(一)その考えと結びついているものごとに目を着ける。(二)当の考えに基づいてわれわれがその対象に対してどのようにふるまうのかを検討する。(三)くだんの対象がその行為を通してわれわれにもたらす効果を見極める。

「おいしい」の意味

たとえば、「おいしい」という考えを取り上げてみよう。プラグマティズムの格率が示す三つの要件によれば、(一)「おいしい」ということばに結びついている対象を見定めなければならない。「おいしい」と聞けば、おそらくは、好きな食べものが思い浮かぶ。(二)それでは、好きな食べものにはどのような仕方で関係しようとするのであろうか。それは、食べものであり、しかも、おいしいから、それを進んで口にしようとする。だから、「おいしい」という考えに結びついている行為は、食べてみることである。(三)その結果、その味わいについて充足感を獲得できる。それだけでなく、もっと食べたいと感じる。すなわち、おいしいものを食べるという行為の効果は、味覚に関する満足感といっそうの食欲である。それゆえ、「おいしい」という考えの意味は、次のようになる。「おいしい」対象を食べてもよいとき、それを賞味すれば、味に関して心地よい感覚が手に入り、食べたいという気持ちが増す、と。

手元にある字引をひもといて「おいしい」という考えの意味を確認してみよう。たとえば、『大辞林』には「物の味がよい」とある。『広辞苑』は「美味である」としている。味がよいことも、美味であることも、味覚に関する満足感である。この点からすれば、「おいしい」という考えをめぐって、プラグマティズムの格率に依拠して明らかにした内容と、字引の与えている定義的意味との違いは、それほど大きくはない。なぜ、パースは、プラグマティズムの格率を定式化したのであろうか。

「やばい」の意味

この問いに答えるために、プラグマティズムの格率に準拠して、「やばい」の意味を拾い上げてみたい。(一)われわれは、たとえば、不都合な事態が起こるかもしれないときに、そのことばを用いる。「だれかに見られでもしたら、やばいことになる」と言うとき、われわれは不正に手を染めていて、だれかがそれに気づけば、われわれの地位は危うくなってしまう。「やばい」ということばの指す状況では、ことによると、好ましくない結果が当事者の身に降りかかる。(二)そうした中で、いかにふるまうか。その危険を避けるために、悪だくみを中止するであろうか。そうではない。手に負えなくなるおそれがあったとしても、やばいと考えているとき、そのたくらみを続行しようとしている場合が多い。(三)というのも、それが成功裏に終わったときの果実は、一定の利益をもたらすからである。だから、「やばい」ということばの意味は、ある行いのせいで始末に困る可能性があるにもかかわらず、それによって得られる効果が大きく、その結果をねらって、当の行いを秘密裏に収めようとしている、というところにある。

3　プラグマティズムの格率の用例——「やばい」の解析

「やばい」のもう一つの意味

前節で示した「やばい」の意味とは別に、「この料理はやばい」という言い方もある。とはいえ、その料理に関与することで、いったい、どのような不都合の生じる可能性があるのであろうか。このような疑念を抱く人にあっては、「この料理はやばい」という表現には違和感が残る。

なじみ――理解の第一段階

その一方で、「確かにその料理はやばい」と応答できる人たちもいる。彼らにとっては、当の脈絡で使用する「やばい」は、なじみのある表現である。パースに従えば、なじみは、「把握の明晰さに対する第一段階」を形づくっている。ある考えになじんでいるかどうかは、その考えの意味を摑んでいるかどうかについて、一つの基準を提供している。これまで「やばい」を耳にした経験があり、ある程度までそれが積み重なってくれれば、どのようなときにそれを口にすればよいのか、その使い方について、一定の理解が成立してくる。そのようにして「やばい」になじみが生まれる。

字引の定義――理解の第二段階

とはいうものの、そのような「やばい」に親しんでいる人びとに対して、その意味を問うたとしても、彼らから明快な答えが必ずしも出てくるわけではない。このようなとき、字引とか事典とかが役に立つ。『大辞林』は、次のような説明を与えている。「若者言葉で、すごい。自身の心情が、ひどく揺さぶられている様子についていう」。この定義によれば、「やばい」は、肯定的な意味あいで心が大きく揺れ動いている様態を指している。「この料理はやばい」という言明の本旨は、当の料理の味がたいへんすばらしく、それに大きな感銘を受けている、というところにありそうである。パースによれば、あることばの定義的意味は、「把握の明晰さに対する第二段階」に位置する。

それにしても、なぜ「やばい」の代わりに「すごい」と言わないのであろうか。それを「すごく感動した」と表現しても、問題はないように思える。この疑問を解消しようとすると、字引に頼るだけではうまくいかない。このとき、「やばい」が実際にどのような場面で現れているのか、その使用を改めて考究する必要が出てくる。プラグマティズムの格率は、それを説いている。すなわち、プラグマティズムの格率は、「やばい」という考えをめぐって、(一)具体的にどんな対象にそれを適用しているのか、(二)その対象を実際にどのように扱っているのか、(三)その結果、どういう効果が現れてくるのか、こうした三つの観点で調査を進めるように言っているのである。

プラグマティズムの格率——理解の第三段階

プラグマティズムの格率を生かして入手できる把握は、明晰さの第三段階になる。それは、端的には、効果の実際的な理解である。「やばい」は「すごい」を含んでいる。「この料理はやばい」と言ったとき、その料理は、味覚の上で十分な満足感を与えてくれる。当の料理を「やばい」と考えている人は、それについて、きわめて積極的な評価を下そうとしている。とはいうものの、それは、「すごくおいしい」のではなくて、「やばい」である。「やばい」効果は、「すごくおいしい」という程度を超えている。だから、「やばい」料理の効能は、味覚に関する満足の度あいが大きすぎて、その料理にのめりこんでしまい、ついにはそれが病みつきになって、そこから容易には抜け出せなくなる危険があるかもしれない、というところにある。

4　明晰さの三つの段階の動態

なじみと定義の位置

前節で試みた「やばい」の解析は、明晰さの第一段階と第二段階を解消して、明晰さの第三段階に到達しようとしているのではない。というのも、明晰さの第二段階でも、明晰さの第二段階で活用した『大辞林』の記載する事項も一定の役割を果たしていたからである。しかも、明晰さの第三段階で示した理解は、「やばい」の一般的な定義でもある。過度の満足感と夢中になることとは、「やばい」対象が共通してもたらす効果である。2節でも指摘したように、プラグマティズムの格率に照らして最終的に示すのは、明晰さの第二段階にある定義的意味である。しかしながら、そこに至るために、使用の具体的な場面を想定し、行為の実際的な効果に焦点を絞った。すなわち、明晰さの第二段階は、明晰さの第三段階から帰結する。それだけではない。プラグマティズムの格率は、「やばい」の例示も求めている。それゆえ、「やばい」になじんでいる人たちがどのようにそれを使っているのか、「やばい」のなじみにも目を向けた。「やばい」の把握には明晰さの第一段階も欠かせない。だから、ある考えの意味を引き出そうとする取り組みは、なじみから始めて、効果の実際的な理解を経て、一般的な定義的意味に進んでいく。

この試みは、そこで終結するわけではない。「やばい」の意味がわかれば、「やばい」を使いこなせるようになる。そのようにして、次第に「やばい」に対するなじみの程度が大きくなってくる。他方、われわれは手元にある事例しか探査できない。そこで手に入る理解は、限定的であり、それゆえ、暫定的である。逆に言えば、われわれが明確にしようとしている意味は、常に更新に開いている。すなわち、「やばい」の活用は、新たな意味の発見につながっていくかもしれない。したがって、ある考えの明断な把握とは、プラグマティズムの格率に基づけば、効果の実際的な理解が媒介となってなじみが一般的な定義的意味に結実していく運動の螺旋的な展開にあるのである。

形式論理学とプラグマティズムの格率

しかし、パースは、プラグマティズムの格率を形式論理学の概念の精緻化のために提起している。先述したように、パースの研究の主眼は、形式論理学にあり、別けても、パースが焦点を絞ったのは、関係辞の論理学である。関係辞とは、親とか兄とかが含んでいる関係を表すことばである。それでは、そもそも、関係とは、いったい、何であるのか。

これまでの論述からすれば、明晰さの第一段階は、関係という考えに対するなじみに連絡している。たとえば、「親」と「兄」は、なじみのあることばであり、しかも、関係辞である。ベンジャミン・パースは親である。これだけでも意味は通じる。とはいえ、それは、ベンジャミン・パースの十全な理解を示しているわけではない。ベンジャミン・パースは、チャールズ・パースに対しては親である。けれども、彼は、ウィリアム・ジェイムズの親ではない。「親」の日常的な用い方を振り返っても、「親」ということばの意味は、その子に言及したときにはっきりしてくる。すなわち、親は、だれかがだれかを子としてもうけたという事態が成立する二人の人物の結びつきを参照している。だから、「親」が関係辞であることは、それを「子としてもうける」という用言的な表現に変えれば、よくみえるようになる。「兄」についても状況は同じである。このように、「親」とか「兄」とかといった関係辞は、それが表立って指している対象の他に別の対象にも及んでいる。それらは、「だれかがだれかを子としてもうける」とか「だれかがだれかよりも先に産まれた男子である」とかといった事態を成就させている諸対象間の結びつきに由来するのである。

5　関係の明断な理解――プラグマティズムの格率に関連させて

関係の意味――プラグマティズムの格率に従って

関係について、明断さの第三段階に到達するには、明断さの第一段階を端緒にして、効果の実際的な理解を析出させなければならない。(一)同じ関係辞であっても、たとえば、倫理学の扱い方と形式論理学のそれとでは、異なる。(二)それでは、関係辞の論理学は、関係をどのように処理しようとしているのであろうか。パースにならって、親をpで表し、bを兄としよう。パースは、掛け算の考え方を援用して、おじ、すなわち、親の兄をbpというように表す。パースは、これを関係的乗法と呼ぶ。掛け算では、2×(3×4)と(2×3)×4は、同じ結果になる。関係的乗法でもそれが成り立つ。恋人をlで表そう。恋人の親、すなわち、plを確認して、その兄である人物に目を向けたとき、その人物は、b(pl)で表せる。しかしながら、彼は、恋人のおじであるので、(bp)lである。すなわち、b(pl)と(bp)lは、同じ一人の人物を指している。このようにして関係辞の論理学に算術の基本的な計算を応用できる。ここにパースの構築しようとした関係辞の論理学の基本的な立脚地がある。

(三)関係的乗法は、掛け算と同じ特性をもっている。パースの試みたことの成果は、関係に関する形式的論理の算術的演算化である。しかしながら、bpという表現は、対象と対象との結びつきを目に見えるようにはしていない。右で明らかにしたように、関係辞には用言的な表現がいっそう適合的である。親という事態は、AはBを子としてもうけるという仕方で、明瞭になる。

　すると、「親」という関係辞は、親であるAと子であるBとを引いてくる、いわば二つの手をもっていることになる。パースは、関係辞の、このようなあり方を、化学的原子の構造になぞらえる。たとえば、二つの手を持つ酸素原子は、一つの手しかない水素原子の二つと結合して、水を合成する。このように、H_2O の成り立ちは、

H—O—H

である。酸素原子と同じく「親」にも二つの手がある。だから、酸素原子のように、「親」を

—p—

と表現できる。兄も恋人も二人の人物のあいだで生まれる関係であるから、「兄」および「恋人」のそれぞれを

—b—

および

—l—

で表せる。このようにして、「恋人のおじ」は、

—b—p—l—　……①

である。b(pl)と(bp)lは同じ一つの関係を意味しているので、2×(3×4)と(2×3)×4を2×3×4に一括できるように、それをbplとしてよい。①は、それに対応している。他方、「恋人の親」と「親の恋人」とでは、その指示は異なる。関係的乗法では、掛け算とは違って、関係辞の順番を入れ替えられない。①は、それを線形的な並びで描き出している。このように、関係辞から手を伸ばすことで、明晰さの第一段階で把握した諸対象間の結びつきというなじみのある把握を視覚化できる。それゆえ、①は、結びつきの図形化を通して、算術的に捉えた関係の形式的特性を視覚的に捕捉するという効能をもたらしているのである。

関係の定義的意味

関係に関する明晰さの第三段階から、関係について、どのような定義的意味が出てくるのであろうか。関係辞には定まった数の手が付いている。それを図示することで、関係辞が含んでいる用言的特性を露《あら》わにできる。関係辞の手に特定の対象と結合している名前を代入すれば、関係辞は、たとえば、ベンジャミンはパースを子としてもうけたという事態に言及する文を産出する。「親」は、ジェイムズ・ミルとジョン・スチュアート・ミルとの間柄にも適用できる。しかも、パースとジョンに目を遣れば、彼らには「子」という関係辞が当てはまる。「親」と「子」の用言的表現は、それらに共通する同じ一つの事態を言表している。それゆえ、関係辞の手を具体的な名前で埋めた後で、その手を除去して、当の事態から結びつきだけを単離すれば、「親」と「子」の基底にある関係性が析出する。その関係性を構成する二つの対象のうち、一つだけに注目したとき、親という関係、あるいは、子という関係が成立する。したがって、関係辞の論理学に関する限り、明断さの第二段階では、関係は、次のように定義できる。すなわち、関係とは、ある関係辞を充足する諸対象のさまざまな組みを捨象して成形した関係性に立って、再びそうした組みから任意の一つを取り出し、その中の一つの対象に専ら目を向けたときの、他の対象との結びつきであるのである。

6　実際主義としてのパースのプラグマティズム

プラグマティズムの格率に基づく探究

こうした論述によって、次のことが浮きぼりになっている。「おいしい」とか「やばい」とかといった、われわれがふだん使っていることばの意味を明瞭にする営みは、関係辞の論理学が導入している「関係」という概念の意味を明確に摑む試みと同じ理知的営為である、と。パースは、それを探究と呼ぶ。昼食に何を食べるのかについての思案も探究である。まず、昼食の候補となる料理を想像してみる。これは、昼食という考えにふさわしい対象を選定する作業であるから、プラグマティズムの格率が示している手順(一)である。手順(二)を遵守するまでもなく、そうした料理をこれから食べることになる。その際、空腹の程度が大きいのでしっかりとした料理を昼食として摂ろうと思うかもしれない。あるいは、飽きが来ないように昨日とは異なる料理を食べてみたい気になる場合もある。ここで、われわれは、選んだ料理を食べたときにどのような結果になるのかを考えに入れようとしている。すなわち、手順

（三）を踏まえて、われわれは、昼食の選択肢を絞りこんでいる。新たな発見を期待して、これまで訪れたことのない店に行くのもよい。このようにして、昼食をどうするのかという最初の疑念に一定の解決を与えて、われわれは、昼食の準備に着手する。

実際主義としてのプラグマティズム

パースのプラグマティズムは、われわれの理知的営為に脈絡の違いを認めはするけれども、水準の相違を強調しない。昼食を何にするのかという迷いの解消は、厳密さと緻密さの点で異なりはするけれども、関係辞の論理学をどのように展開すべきかという問いから始まる研究と同じ探究である。そのときに力点を置かなければならないのは、問題にしているものごとにどのように関与して、それによってどのような結果を期待できるのか、という見地である。しかも、パースは、プラグマティズムの格率の中で、そのようにして取得できる内容をそのまま行為の指針にしてもよいと述べている。別言すれば、実際的な関与と結果を超えて何かを考える必要もないし、それらを深いところで支えている根源に遡る必要もない。プラグマティズムの格率は、使用と効用の実際を勘案し、それを足がかりにして、具体的な活動を推進するように勧めている。この考え方は、パースが関係辞の論理学の体系的組織化に実際に取り組んできたときの視座から結果している。つまり、パースのプラグマティズムは、実質的な行為と成果に重点を置く実際主義であり、それは、パースがもくろんだ関係辞の論理学の探究を貫いているのである。

［参考文献］

新　茂之『パース「プラグマティズム」の研究――関係と進化と立論のカテゴリー論的整序の試み』、晃洋書房、二〇一一年。

伊藤邦武『パースのプラグマティズム――可謬主義的知識論の展開』、勁草書房、一九八五年。

――『パースの宇宙論』、岩波書店、二〇〇六年。

C・S・パース『偶然・愛・論理』、浅輪幸夫訳、三一書房、一九八二年。

――『連続性の哲学』、伊藤邦武編訳、岩波文庫、二〇〇一年。

J・ブレント『パースの生涯』、有馬道子訳、新書館、二〇〇四年。

米盛裕二『パースの記号学』、勁草書房、一九八一年。

――『アブダクション――仮説と発見の論理』、勁草書房、二〇〇七年。

第2章　ジェイムズ

冲永宜司

1　ジェイムズの経歴と著作

ジェイムズの経歴

ウィリアム・ジェイムズ（William James, 1842-1910）は、ニューヨーク生まれ。祖父のウィリアムは、五大湖のひとつエリー湖の運河建設で資産を築いた経済的な成功者であり、また父ヘンリーは生涯にわたり定職を持たなかった一方で、神秘思想家E・スウェーデンボルグ（一六八八―一七七三）の研究を行い、R・エマソン（一八〇三―八二）とも書簡を送り合うなど、当時の第一線の知識人たちとの密接な交流があった。ウィリアム・ジェイムズの周辺は経済的にも知的にも恵まれた環境にあった。父親を介したエマソンとの交流は、そのバラモン教の梵我一如に関係した一元論思想も含め、ウィリアムにも影響した。家系には、弟に作家ヘンリー・ジェイムズ、妹に日記著述家アリス・ジェイムズなどがおり、ジェイムズ一族は文才に秀でた家系であった。

ウィリアム・ジェイムズ本人は、子どものころからヨーロッパを幾度も訪れるなど、大陸ヨーロッパ文化に密接な教育を受け、その結果フランス語、ドイツ語にも通じるようになった。最初、一八六〇年夏のボン滞在の時点では画家を志していたが、父親の意向の影響もあって、一八六一年ハーヴァード大学のローレンス科学学校に入学し、化学の学生になる。その後、関心を化学から生物学に変え、一八六四年ハーヴァード大学医学学校入学。

この青年期にジェイムズは、精神、身体上の病気に悩まされることが続いた。神経衰弱や憂鬱などの心理的な症状だけではなく、一八六五年三月に科学者L・アガシ（一八〇七―七三）を含むテイヤー探検隊に加わってブラジルへ赴いたときには軽い天然痘に罹患した。その後も眼病などのため学業の中断をすることがあったが、一八六九年、課程を修了。

一八六九年秋から冬にかけ、恒常的に精神上の衰弱に陥る。ジェイムズ自身が「魂の病」と呼んだ病状から回復したのは一八七二年で、この経験は後に『宗教的経験の諸相』で示されるような、様々な精神的な症例の記述と、その内面的共感をともなった理解に通じていると考えられる。

またジェイムズは学生時代から、C・S・パースやC・ライト（一八三〇―七五）などとともに、一八七〇年代初頭より「形而上学クラブ」と自称されていた、後のアメリカ思想界に大きな影響を与えることになったハーヴァード大学内の集まりに参加し、そのメンバーから思想的な影響を受けた。

卒業後には彼はドイツの実験心理学の影響もあり、関心を医学、生理学から心理学、哲学へと移していった。

一八七二年夏、ハーヴァード大学の生理学の講師に任命され、翌年解剖学との共同授業を担当。七五年に「生理学と心理学との間の関係」という大学院のコースを設け、これがアメリカで初の心理学の講座となる。七六年に助教授に任命、W・ヴント（一八三二―一九二〇）やH・スペンサー（一八二〇―一九〇三）などの影響の下、科学としての心理学の確立を目指す。後に哲学にも関心を移し、八一年に哲学の助教授、八五年に正教授となる。

憂鬱症の経験は、ジェイムズの経歴の中で後の思想に影響を与えた重要な要因のひとつだが、その中で特に自由意志は存在するかという問題が、精神的苦悩にまで高じていた。しかし『哲学の諸問題』冒頭に引用されたジェイムズの言葉では、一八七〇年代にC・ルヌヴィエ（一八一五―一九〇三）の多元論的な著作が、彼を幼少からの一元論への傾倒から、多元論に目覚めさせたという（James, 1979b）。この経験が彼の『プラグマティズム』や『多元的宇宙』で結実する、多元論に基づいた形而上学構築に影響を与える。他方で父親を介したエマソン的な諸物融合の一元論の影響もあり、一元性と多元性との関係がジェイムズの思想に奥行きを与えている。

また父親のスウェーデンボルグ研究は、ウィリアムの神秘主義や心霊研究への関心に影響している。彼は心理学に平行して霊媒研究を続け、アメリカ心霊研究協会初代会長にもなる。

主な著作

以下の著作について、現在標準的に用いられ、比較的入手しやすい英語版および日本語版を、章末に詳しく示しているので参照してほしい。

前期の実験心理学、機能的心理学上の主著として、一八九〇年『心理学原理（*The Principles of Psychology*）』がある。全集版で一二〇〇頁を超える大著であり、大脳生理学から霊媒研究までの幅広い題材を扱う。ジェイムズの方法は機能的心理学とも言われるが、同書の中には、機能主義、行動主義的方法のみならず、内省的、精神分析的方法までが含まれ、しかも「心―素材理論」、「思考の流れ」や「自己の概念」などの章では、晩年まで続くジェイムズの哲学的な思想の萌芽がすでに詳細に記されている。

一八九二年に短縮版の『心理学（*Psychology, Briefer Course*）』を出版。しかし単に短縮させただけではなく、巻末の「心理学と哲学」という哲学上の示唆を含んだ論文など、全体の五分の二程度が新たに書かれている。

その後の哲学的な著作としては一八九七年『信ずる意志（*The Will to Believe*）』。「合理性の感情」に見られるように、真理の選択において、最終的に感情が合理性の基準との立場から、その哲学上の権利などを論じ、「信じる」という権利を明確化した。反対に決定論の立場が陥る矛盾についても論じた。

一八九九年の『心理学について――教師と学生に語る（*Talks to Teachers on Psychology*）』は、『心理学原理』での見解を教師への講議の形で教育理論と教室での実践に応用したものである。行為を重んじるその心理学理論が、意志、注意、記憶、統握などに関して、学校教育との関係の中で論じられる。

一九〇一年、〇二年のギフォード講義の記録である『宗教的経験の諸相（*The Varieties of Religious Experience*）』は、「人間性の研究」と副題がつけられている。個人の内面に焦点をあてた宗教経験の様々な事例が紹介、分析され、臨床心理学の古典とされるとともに、宗教的真理の妥当性についての哲学的考察にも及ぶ。

一九〇七年の『プラグマティズム（*Pragmatism*）』は、ジェイムズの視点からのプラグマティズム思想の紹介と検討を行う。実在に関するその独特の議論は、真理の問題、宗教の問題も対象とする。

一九〇九年『多元的宇宙（*A Pluralistic Universe*）』は、真理の選択を「気質」が左右させるという『信ずる意志』での立場を発展させ、多元的真理の世界を描く。生き生きとした感性的世界の存在論的権利についても吟味される。

一九〇九年『真理の意味（*The Meaning of Truth*）』は、プラグマティズムの真理概念について論じた、『プラグマティズム』前後に書かれた論文を集めたもの。B・ラッセル（一八七一―一九七〇）などによる批判への応答、プラグマティズムについての対話篇を含む。

ジェイムズの死後、一九一一年出版の『哲学の諸問題（*Some Problems of Philosophy*）』は、存在や、一と多、決定論と自由意志など、伝統的な形而上学の諸問題をプラグマティズムの多元論から検討する。

一九一二年『根本的経験論（*Essays in Radical Empiricism*）』は、純粋経験という中立的実在から認識や世界を捉え直す。ある独特な意味で「意識は存在しない」が、それは唯物論でも唯心論でもない。なお、同書と『多元的宇宙』収録の主要論文の選訳に、『純粋経験の哲学』（伊藤邦武編訳、岩波文庫、二〇〇四年）がある。

2　プラグマティズムと真理

実証主義との違い

ジェイムズにおいてプラグマティズムは真理の確定の方法として活用される。それは、真理をたとえば実証主義のようにわれわれと無関係な客観の側にあると考えるのではなく、われわれの行為と不可分、もしくは行為の側から成立する知の運動と考える点で共通する。

実証主義において、真理は観察、つまり観察されるものの中にある。他方ジェイムズは、「すべてのわれわれの真理は、「実在」についての信念である」(James, 1975a, p. 117〔邦訳、一九〇頁〕)と、その『プラグマティズム』の中で言う。そしてこの真理の有用性が、実在への信念や、実在の真理化の根拠となる。確かに真理が有用性や信念によって成り立つと言われると、それは真理の恣意的な主観化にすぎないと思われるかもしれない。しかしこの一見主観的と思われる性質の妥当性は、実証主義の問題点を見直すことによって明らかになってくる。

実証主義の主な困難は、仮説を検証する観察に真理がある限り、その観察において真理への直面が必要なことである。観測される事実は、主観から独立した純粋に客観的な実在であり、それ自身実在であり真理である観察対象への直面が「実証(verification)」なのである。

しかし実証主義には、まず観察データが純粋な客観的証拠にはなり得ないという困難がある。次に、観察者が理論負荷性を免れることの困難がある。まず前者の困難、つまり観察によって直接に証拠に直面することの困難について考えたい。たとえば「人間の意志は物理的に決定されている」という仮説に関し、ＭＲＩやｆＭＲＩによる脳の断層写真はその証拠データにはならない。むしろ、「脳細胞は原子の集まりだから、脳作用も原子の機械論的運動である限り、自由意志は存在しない」とか、反対に「私の思考は自発的であると直観される限り、自由意志は存在する」といった、主観的な言明のどちらを信じるかによって、真理が左右される場合が多い。

つまりどんなデータからであれ、客観的で面と向かった実証が成立する場合の方が稀であり、命題の正しさは経験の内部で主観を交えながら状況証拠的に形成されるのが実情である。この意味で真理は純粋客観ではない。そして科学上の命題だけでなく、特に形而上学的命題においてこの傾向は顕著になる。この意味でジェイムズは、「われわれの真なる観念の圧倒的な大多数は、直接の、または面と向かった（face-to-face）実証を許さない」（James, 1975a, p. 103〔邦訳、一六六頁〕）と言うのである。

図２―１　ウサギとアヒル（1892年ドイツの雑誌 *Fliegende Blätter* に掲載された，最初期のバージョン）

実証主義のもうひとつの困難とは、観察者の理論負荷性であった。それは、仮説の側から観察されるデータの意味が汲み取られてしまうことである。理論負荷性の具体例としてはウサギとアヒルの絵（図２―１）などが有名だが、同じ感覚のデータがウサギに見えるかアヒルに見えるかは、絵を観察する者の構え、つまり既得の知識の全体によって左右される。

形而上学と理論負荷性

だがより形而上学的命題に関わる例として、たとえばB・リベット（一九一六―二〇〇七）によって一九八〇年代に行われた自由意志の実験解釈の中に、理論負荷性を見出すこともできる。この実験は、被験者が実験室でボタンを押そうと意志してから実際に押すまでの時間と、その過程における脳の活動電位とを調べることで、意志の発動と、脳の活動とのどちらが先かを確かめるものであった（Libet, 2005, pp. 124-129, etc.）。結果としては活動電位の発動が早かった。この結果は物理主義的立場からは、自由意志非存在の証拠として象徴的に扱われた。しかしリベット自身は、活動電位発生から押す動きまでの間に、それを拒否できる意志が働き得るとしてこの「非存在」解釈を拒否し、それが後々まで続く論争を導いたことは有名である。そもそもユダヤ教徒であるリベットは、自由意志実在の証明のために、この実験を組み立てたのであった。このようにほとんどの観察結果において、右記の「拒否」権のように、それを観察する者の信念が真理を左右させることが可能な論理構造が見られる。

このように、ジェイムズにとっての真理は、観察から影響を受けるが、最終的には観察者の「気質」の構えに負うところが大きい。またこの性質が、パースなどとは異なった、ジェイムズのプラグマティズムの特徴にもなっている。

3　パースの真理論との共通性と相違

「気質」か「探求」か

真理の確定において、ジェイムズが心理的な「気質（temperament）」を重視したのに対して、アメリカプラグマティズムの創始者パースは「探求（inquiry）」を重視したと言われる。このためパースに比べジェイムズが扱うのは主観的真理にすぎず、学問的な厳密さに欠けると見られる場合もある。しかし気質の重視は本当に厳格さの欠如なのだろうか。

確かにジェイムズは、たとえば多元論と一元論という形而上学的な対立概念のどちらに合理性を見出すかにおいても、「哲学者はその概念の合理性を理解するが、他のあらゆるものを理解する場合のように、その概念が哲学者を引きつけるようにする目印によって、その概念の合理性を認識するだろう」（James, 1979a, p. 57〔邦訳、八七頁〕）と言う。

それに対してパースは、「「信念を決着させること」、もしくは、他の言葉で言えば、満足の状態が、真理、もしくは探究の目標が存する所のすべてである」（Peirce, CP6, 1998, 6.485）と言う点ではジェイムズと共通しながら、「真理が満足に存するならば、それはいかなる事実上の満足でもあり得ない、そうではなく、もしその探究が究極的で覆すことのできない決着点にまで遂行されたならば、究極的に見出されたであろう満足でなければならない」（Peirce, CP6, 1998, 6.485）と、真理の「探究」と、その究極の行使とを重視する。

「探求」の無根拠

しかし着目すべきなのは、パースは「探求」を重視しつつも、真理は「信念」にあり、「満足」にあると見なす点である。つまり前節で見たとおり、真理は「探求」を経たとしても、客観的データとの直接的接触によっては与えられないことをパースも承認するのである。つまり両者ともこちら側の知の体系である「信念」に真理がおかれ、それがパースにおいては「探求」によって洗練され、ジェイムズにおいては「気質」によって裏づけられるという違いがあるにすぎない。「気質」の重視は、真理が恣意的決定だと見なされる要因であったが、その根幹はパースでも究極的には変わらないのである。

すると、その「信念」となる概念はどうして形成されたのかが問題化する。パースはそこに、「信念」の確定にあたっての「当て推量（abduction）」（Peirce, CP5, 1998, 5.189.）の方法を見る。重要なのは、この最初に推量された概念は、直接的な観察データに根拠を持たない上、それ以上遡ることができないことである。「探求」において、経験との繰り返しの接触の中で真理化されていく概念も、その最初に必ず経験的証拠のない地点が必然的に存在する構造がある。ではなぜこの概念は推量されたのか。

> 他の仮説ではなくある仮説を趣向する衝動は、実際のところ鳥やスズメバチの本能に類似しているかもしれない。（Peirce, CP6, 1998, 6.476.）

> アブダクションの示唆は、閃光のようにわれわれにやってくる。（Peirce, CP5, 1998, 5.181.）

「本能」「閃光」は合理的な基礎づけによってはもたらされない。したがって科学的探究の出発点になる仮説を基礎づけるものではなく、「探求」は重視されながら、それは客観的な真理に基づくことはできない。「本能」や「閃光」が捉えたこちら側の「信念」を確定するのが「探求」であるにすぎない。しかし最初のアブダクションが実在に通じる、合理的基礎づけ以外の理由はないのか。

> 瞑想（Musement）の純粋な戯れにおいては、神の実在性という観念が魅惑的な心象であることが、遅かれ早かれ確実に見出されるだろう。
> (Peirce, CP6, 1998, 6.465.)

「神の実在性について無視された論証」に見出されるこの文からすると、「瞑想」や「精神的戯れ」は真理に通じるある種の精神的働きであり、単なる盲目的推測とは対極をなす。ここでの「神の実在性」とは、その精神的働きによって見出される真理の極端な一例ではある。しかしその「瞑想」とは、合理的説明を超えた仕方で実在を看取する、ある種の能力の暗示である。それはアブダクションに合理性が尽きる地点が必ずある限り、否定し去られる理由も持たないのである。

真理が依拠する所

パースのこれらの主張は、ジェイムズの「気質」による真理の選択が理由を持たないことに一層説得力を持たせる。実際ジェイムズにおいて「気質」が真理選択の最終的な鍵である理由は、感情対論理という力関係において感情が優っていることではない。現に彼が合理性を、「現在の瞬間に充足している感じ、それが絶対であるという感じ」(James, 1979a, p.58〔邦訳、八九頁〕) であると言うとき、それ自体は感情的主張にとどまらない。むしろ「それを説明したり、言い訳をしたり、正当化したりする必要のすべてが、こうして無くなっていること」（同所）という、論理的状況を含んだ主張である点が重要なのである。

「満足」に基づいて、真理を根拠なきまま選択することは、以下で扱う形而上学的立場の選択に深く関わる。ジェイムズは、自由意志論か決定論かという選択についても最終的拠り所をそこに見る。

確かに「気質」を最終判定者と見なすことは、真理の心理主義的な立場と見えるかもしれない。だがパースの「本能」や「閃光」においても、基礎づけとは異なった、直観的な何かが真理の最終的拠り所とならざるを得ないことはすでに確認した。これはわれわれの知の根底にある論理的状況であり、これがジェイムズの宗教的真理や、形而上学的立場の選択にも深く関わっていることを以下、具体的に確認する。

4　宗教的信念の位置

宗教的真理はなぜ保証されるか

プラグマティズムは実在への信念を真理と見なしていた。ジェイムズのプラグマティズムの特色のひとつは、この真理概念が宗教的信念を保証するという主張である。

これらの実際的な帰結についてのわれわれの概念は、それがまさしく積極的な意義を持つかぎり、われわれにとっては、その対象についてのわれわれの概念の全体なのである。

（James, 1985b, p. 351〔邦訳、下、二八一頁〕）

『宗教的経験の諸相』のこの一節で、「対象」とは神を暗示している。もし宗教的信念を持ち行動することが、それを持たないで行動するよりも積極的な意義を持つなら、宗教的信念の真理性をそれ以上保証するものはなく、反対に論駁するものもないという考えである。では、宗教的信念は科学的な実証性を満たさない、という反論にどう対処するのか。ジェイムズがこれを正面から扱ったのが、同書における「神秘主義」の真理性についての議論である。神秘的経験は現実世界とそこでの行為の意味を一変させる経験であり、通常の五感を介した経験とは質的にまったく異なっている。実際、それを脳内現象などとして説明しても、体験者にとっては、世界が生きているという、この上なく根源的な発見の実感は覆らないとされる。

しかしこの体験は、観察者に対しても超越者の有無に関する決断を迫る特徴がある。プラグマティズムの真理論に照らすと、確かに脳内現象という物理主義的「信念」は、面と向かって実証されているのではない。そこでジェイムズは、「神秘的状態が現に存在していること」と、「その状態によって、すでに客観的にわれわれの眼前にある事実が、新たな表現の豊かさへと降り立ち、われわれの活動的な生との新たな関係を作る」(James, 1985b, p. 338〔邦訳、下、二五六頁〕)という、世界の意味の転換に、脳内現象とは異なった解釈の可能性を残す。それは神秘的状態を、潜在意識による自我意識の転覆の心理状態として解釈しながら、なお心霊の流入の可能性を留保するという立場である。

多元的宇宙の展開

しかしそうした『諸相』での試みは、神秘的経験が、脳内現象か超越的な何かの流入かという二者択一を提起しても、その問いは物質（脳）対精神（心霊）という枠組みを前提とし、物理的世界と汎心論的世界との関係を位置づけ直すことではない。それに対して、宗教的真理が物理主義を含めた他の真理によって代替されない、存在論的根拠を示すことが、『諸相』以後のジェイムズの課題であった。

ジェイムズが取り上げるその存在論の一例が、G・T・フェヒナー（一八〇一―一八七）に見られるような多元的世界の許容である。物理的刺激の強度と、主観的感覚の強度との関係を数量的に法則化する精神物理学で知られるフェヒナーは、同時に文字通りの生きた世界の提唱者でもあった。彼の中では物理的に記述される抽象的な「夜の眺め」は、隅々までが生きた世界である具体的な「昼の眺め」のひとつの断面にすぎない（James, 1977, p. 70〔邦訳、一一五頁〕）。ここで注意すべきは、昼の世界を実在と見なしても、夜の物理的世界には何の欠損もないということである。

この、物理的世界に欠損を与えない汎心論的世界は、真理がそれ自体で面と向かって実証されず、信念の妥当の集成を真理基準とするプラグマティズムのテストを満たすことになる。またその世界概念は、「当て推量」された上で個々の経験の中で妥当を重ねるというパース的な真理の基準さえ満足させる。

脳と意識

同様に、脳が破壊されれば意識が失われるのは物理主義的には常識で、それは汎心論的世界が誤りであることの証拠、という考えがある。しかしジェイムズはそうは考えない。

物質は意識を産出するものではなく、意識を制限し、その強度を一定の限界内に制約する。物質の組織化は原子を配列させて意識を構築することはせず、意識の発現を、その組織化が許す領域の内に縮減させる。
(Schiller, 1891, p. 295)

これはジェイムズが強い影響を受けたプラグマティスト、F・C・S・シラー（一八六四—一九三七）の言葉である。意識の産出とは物理主義的な考えにそぐうが、反対に意識の縮減とは、脳の特定の部位が、神の幻覚を生産するのではなく、神の顕現を伝達するにすぎないという考えである。このように脳の破壊による特定の意識の消失は、物理主義的にも汎心論的にも包含される主張として理解できるという。これは観察される同一のデータがまったく矛盾する複数の世界に包含され得る構造の典型である。しかもこれはプラグマティズムの真理構造と通底し、われわれの感性とよりよく照合する世界が許容されることになる。

5　形而上学と純粋経験

有用性の限界

真理を気質に結びつける立場に対する論難への回答を、最後にもう一度行いたい。前節において、どんなに実証的データが増えても、知の体系の選択と決断に迫られる地点が知の構造上必然的に存在し、これが複数の形而上学からの選択をわれわれに迫ることを見た。

プラグマティズムと実証主義のもうひとつの大きな違いは、この形而上学的な領域の容認か排除かにある。知識がひとつの全体である限り、感覚的データだけで知識が完結することはない。「物質の組織化による意識の産出」、反対に「脳の破壊による意識の消滅」という記述さえ、物理主義的にも汎心論的にも理解できたが、それはこのふたつの立場とも、データと不可分だが、それだけで完結しない知の体系だからである。

こうした構造が必然的に存在することの証明が、知の体系の最終的判定者としての「気質」を正当化させせた。するとそれぞれの立場は、「気質」にそぐうデータや事例を集め、自らの立場を補強し、その結果複数世界が擁立される。

だがプラグマティズムが真理の確立の際に拠り所とする有用性とは、われわれの行為の範囲が限界を持つ限り、必然的に限られた範囲の有用性となる。したがって、真理の選択の拠り所としての有用性の尽きる地点が、必ず存在する。ジェイムズにおいてはその地点から先が、専ら個人の「気質」が真理を左右させる領域となる。

有用性から純粋経験へ

しかし、このように真理を相対化することは、実在を否定することではない。ジェイムズは最終的に、限られた範囲の有用性を超えた次元に開ける実在を認め、それが純粋経験に相当することになった。さて、有限な経験から導き出される相対的な真理同士は、形而上学的な矛盾を引き起こすことを、『多元的宇宙』は示していた。たとえば、われわれの意識が絶対者の意識の一部であるならば、宇宙の意識は絶対者としてひとつでありながら、なぜ絶対者がわれわれを知る仕方と、われわれが自分自身を知る仕方が相容れないのか。これは、実在を概念化しようとすると必ず行き着く矛盾の例として示される。反対に、実在は概念化しなければ矛盾に陥らない。この、概念化によって矛盾に陥る実在をジェイムズは「それ自身の他者」(James, 1977, p. 67, etc.〔邦訳、一一一頁など〕)と言う。これは有用性の真理に一定の意味を認めながら、それを超えた所に、実在の真の次元を認めようとした記述である。その次元が、相対性を超えた語り得ぬ場所としての純粋経験の次元なのである。実際ジェイムズは、「私は最終的に論理を、率直に、正面切って、取り消しできない仕方で放棄するよう強いられていることがわかった」(James, 1977, p. 96〔邦訳、一六〇頁〕)と語る。そこでは物理主義対汎心論、決定論対自由意志論といった形而上学的な対立を生み出していた根拠が意味を失う。それらは飽くまで有用性と気質による形成過程を経て作られた真理だからである。

形而上学的対立の解決——結びに代えて

実証主義の場合は観察される対象において真理と直接向かい合えるのに対して、プラグマティズムでは、真理とは対象との関係の中から獲得される信念とされた。この信念はわれわれの知の体系全体にかみ合って、われわれに有用な仕方で機能すればよい。この有用性とは客観的真理との直接的符合ではなく、対象を介したわれわれの側の事柄であり、そこが実証主義との大きな違いだった。これはパースのように観察や探求によって洗練されるべき命題にも、また直接的な観察のできない形而上学的命題にもあてはまる。

ジェイムズのプラグマティズムが真価を発揮したのは、特に後者の観察不能な形而上学的な命題であり、そこで唯物論や唯心論など、複数の形而上学的立場のどれを選択するかは個人の「気質」に委ねられた。しかもこれは恣意的な真理選択ではなく、どのような知の体系にも、最終的に根拠づけられない地点があるゆえに、必然的に迫られる決断だった。

しかしジェイムズは、知の有用性による実在の説明が、その限界において矛盾に行き着くことを発見し、最終的に知による形而上学的対立の解決を、積極的な意味で放棄した。ジェイムズの鍵概念のひとつである純粋経験は、その地平に開けるものだった。

[参考文献]

（ジェイムズの死の直後までに出版された主な著作）　※［　］内は原著の刊行年

以下のジェイムズの著作は次の全集に収められている。

The Works of William James, eds. by F. H. Burkhardt *et al.*, 17 vols, Harvard University Press, 1975–1988.

James, W., *The Principles of Psychology*, 1981 [1890].

———, *Psychology, Briefer Course*, 1985a [1892].（W・ジェームズ『心理学』、今田寛訳、岩波文庫、上一九九二年、下一九九三年）

———, *The Will to Believe*, 1979a [1897].（W・ジェイムズ『信ずる意志』、福鎌達夫訳、日本教文社デジタル・オンデマンド版、二〇一五年）

———, *Talks to Teachers on Psychology*, 1983 [1899].（W・ジェイムズ『心理学について――教師と学生に語る』、大坪重明訳、日本教文社デジタル・オンデマンド版、二〇一四年）

——, *The Varieties of Religious Experience*, 1985b [1902].（W・ジェイムズ『宗教的経験の諸相』、桝田啓三郎訳、岩波文庫、上一九六九年、下一九七〇年）

——, *Pragmatism*, 1975a [1907].（W・ジェイムズ『プラグマティズム』、桝田啓三郎訳、岩波文庫、一九五七年）

——, *A Pluralistic Universe*, 1977 [1909].（W・ジェイムズ『多元的宇宙』、吉田夏彦訳、日本教文社デジタル・オンデマンド版、二〇一五年）

——, *The Meaning of Truth*, 1975b [1909].

——, *Some Problems of Philosophy*, 1979b [1911].（W・ジェイムズ『哲学の諸問題』、上山春平訳、日本教文社デジタル・オンデマンド版、二〇一五年）

——, *Essays in Radical Empiricism*, 1976 [1912].（W・ジェイムズ『根本的経験論』、桝田啓三郎訳、白水社、一九九七年。W・ジェイムズ『純粋経験の哲学』、伊藤邦武編訳、岩波文庫、二〇〇四年）

（その他の参考文献）

Libet, B., *Mind Time*, Harvard University Press, 2005.（B・リベット『マインド・タイム——脳と意識の時間』、下條信輔訳、岩波書店、二〇〇五年）

Peirce, C. S., *Collected Papers of Charles Sanders Peirce 5: Pragmatism and Pragmaticism*, Harvard University Press, 1998.

——, *Collected Papers of Charles Sanders Peirce 6: Scientific Metaphysics*, Harvard University Press, 1998.

Schiller, F. C. S., *Riddles of the Sphinx: a study in the philosophy of evolution*, Swan Sonnenschein & CO, 1891.

第3章　デューイ

藤井千春

1　哲学の主題の変更

デューイの生きた時代

ジョン・デューイ（John Dewey, 1859–1952）は、一九世紀後半から二〇世紀中盤にかけて、アメリカのどのような時代を生き、どのような問題意識をもって思想を展開したのだろうか。

デューイは、南北戦争後のヴァーモント州に生まれ、ヴァーモント大学、ジョンズ・ポプキンス大学大学院で学び、ミシガン大学、ミネソタ大学、シカゴ大学で教え、一九〇四年からはコロンビア大学教授となった。デューイは、その長い生涯、アメリカ社会における人々の分裂と対立の時代を生きた。そして、現実世界で発生している社会的な問題の解決に向けて、人間が自らの知性と行動によって取り組むことの必要性を主張し、そのための知的原理と方法を提唱した。デューイは、人間や社会のあり方や可能性をめぐり、自らの思想を幅広い分野で精力的に発言し続けた。

デューイが『新旧個人主義』で描き出したように、南北戦争後のアメリカでは急速な工業化が進み、従来の農業中心の対面的な地域コミュニティの生活様式は大きく変化した。一九世紀末には、全米で一パーセントの企業が全生産の三三パーセントを占める寡占状態に達した。デューイによれば、人々は大企業が支配する全米規模での経済社会（「グレート・ソサイティ」）に投げ込まれた。貧富の差が拡大し、企業資本家と労働者との対立は激化し、労働争議が大規模化した。他方、一九世紀末から、大量の南欧・東欧系の新移民が押し寄せていた。新移民の多くはカトリック教徒で、英語を話せず、熟練技術をもたず、ゲットーを形成し都市下層労働に従事した。新移民に対する旧移民からの差別が発生した。

一九世紀末には、大企業の経済活動は、圧倒的多数の国民の現実の生活に対して、大規模かつ深刻な影響を及ぼしていた。二〇世紀初頭の革新主義運動は、自由放任の経済政策を改め、経済活動に対する社会的統制を政府に要求した。しかし、経済活動の自由を自然権と見なす考え方は根強く、政府による経済活動の統制に対しては、私的権利への侵害だとする企業家の側からの抵抗が根強かった。

二〇世紀初頭のアメリカでは、貧富の差の拡大による階級や集団間の対立が深刻な状況にあり、民主主義は危機的状態にあった。マルクス主義も大きな勢力となりつつあった。現実世界の社会的な問題を人間の知性によって解決するための新たな知的原理と方法の確立が課題となっていた。

帰結主義

デューイは、そのような課題に対応するために、哲学にどのような役割を求めたのだろうか。

デューイは、哲学が人間の生きる現実世界で発生している社会的な問題に関与すること、すなわち、哲学がそのような問題の解決を導くための知的原理と方法の究明に主題を置くことを主張した。デューイは、『哲学の改造』で次のように述べている。

将来の哲学の仕事が、その時代の社会的および道徳的な闘争について、人々の観念を明晰にすることにあるという点も理解されるであろう。哲学の目的は、人間に可能な限り、こうした闘争を処理する器官になることである。

(Dewey, 1920〔邦訳、一九頁〕)

そのためにデューイは、アメリカのプラグマティズムの伝統、すなわち帰結主義を原理として採用した。当時、伝統的な哲学では、観念の価値は、超越的・先験的に想定された「実在」との「対応」によって判定されると考えられていた。それに対してデューイは、観念の価値を、その観念に導かれた行動が現実に生み出す結果によって判定するという、帰結主義を原理として採用した。

当時、経済活動は、自然権によって先験的に基礎づけられている私権と見なされていた。しかし、経済活動は、多くの国民の生活に大規模で深刻な社会的な問題を、具体的な「帰結（consequence）」としてもたらしていた。そこで、デューイは、『公衆とその諸問題』において、活動や行為に関して「公共的なものと私的なものとの間に境界線を引く基準」として、次のような原則を設定した。

「多くの第三者の福祉に影響をもたらすことが判明した場合」

(Dewey, 1927〔邦訳、二〇頁〕)

「行為の諸帰結が、抑止的であれ、促進的であれ、制御を必要とするほど重大である場合」

（Dewey, 1927〔邦訳、一二三頁〕）

デューイは、帰結主義の原理を適用して、経済活動が私的な活動ではなく、国民の生活に重大な影響を及ぼす「公共的（public）」な活動であると論じた。そして、その活動の帰結としての影響を受ける人々を保護する必要性から、経済活動に対する政府による社会的な統制には正当性があると論じた。デューイは、帰結主義を原理として、人々が取り組むべき公共的な問題を確定し、その解決のために行動を起こすこと、そして、哲学がそのための知的な器官としての役割を果たすことを主張した。

実験主義

現実世界の中で発生している問題は、どのようにして解決されるに至るのだろうか。

解決は具体的な行動を通じて達成される。そのためには、実際に解決された状態が帰結されるように行動を導くことが不可欠である。つまり、問題が発生している状況の性質を詳細に調べて、それに適切な解決の方法について熟考しなければならない。そのようにして、「指導観念（guiding idea）」、すなわち解決へと導く確実性の高い行動計画を考案して、それに基づいて行動を導くのでなければならない。

この点で、解決をめざして実行される行動は、考案した指導観念を仮説とする「実験（experiment）」という性格をもつ。つまり、仮説である指導観念の価値を、実際の行動がもたらした帰結によって検証するのである。したがって、指導観念の価値は、意図した解決に現実的に至ったという帰結に示される。また、「知性（intelligence）」は、解決を導いた指導観念を考案した思考の機能の優秀性として示される。

しかし、デューイが『確実性の探求』で指摘しているように、伝統的な哲学では、知ることは、中立・公正な立場から世界を「傍観すること」にたとえられてきた。そのようにして「実在」の真なる様相を表象した観念を知る活動に知性の役割は付与されてきた。したがって、知性は不変的な世界に関与することに限定され、哲学は純粋な知的活動と見なされてきた。そのために、哲学は変化が支配する現実世界の問題に関与することを拒否し、知性によって知識と思考と行動とを結びつけることはなかった。知性は現実世界の問題には関与しないものとして位置づけられてきた。

それに対してデューイは、知識を使用して状況の性質をよく調べ、知識を使用して行動の方法をよく考えて、計画的に行動を導くという知的方法を提唱した。人間が自らの知性によって知識と思考と行動とを結びつけ、高い確実性において現実世界における問題の解決に至ることが可能だと主張した。

2　経験論哲学の展開

状況の中の行為者

デューイは、人間をどのような存在と見なしたのだろうか。

デューイによれば、人間は流動的で不安定な世界の中で、偶発的に変化していく状況に巻き込まれて生きている。『経験と自然』で述べているように、人間は、状況の変化に対応して、環境との相互作用の方法を組みかえつつ環境に再適応して、生命を維持・更新しなければならない。人間は、現実世界における流動性や不安定性、偶発性から逃れることはできない。人間の生物種としての生命の維持・更新のために、人間は、現実世界の状況の中で、問題解決に知性的に取り組む行為者でなければならない。

そして、デューイにとって、人間がそのようにして種としての生命を維持・更新してきたことは自然主義的な事実である。流動的で偶発的な世界において人間にできることは、不確実性を引き受けつつも、自らの知性を恃みとして、よく調べてよく考えて問題解決に向けて計画的に行動することである。

道具主義的知識論

では、デューイにとって、知識とは何なのだろうか。

デューイによれば知識とは、問題状況の性質を明確にし、その状況にもっとも効果的な指導観念を考案するために使用される道具である。道具としての知識に示されるのは、デューイによれば「意味（meaning）」、すなわち、働きかけと反応との結びつき、あるいは、ものごとや出来事の関連や連続など、環境と相互作用するための規則である。したがって、知識を使用することにより、結果を予想したり、意図したり、帰結を判断したり、行動の方法を選択したりすることができる。直面している状況から発生する事態を予想するためには、また、よい結果を生み出すよう、あるいは不利益な結果を避けるよう効果的な行動の方法を評価・選択するためには、意味としての知識を駆使することが必要なのである。つまり、知識とは、思考が問題の解決に向けて知性的に機能し、問題の解決の確実性を高めるために使用される道具なのである。

このようなデューイの道具主義的知識論に対して、伝統的な哲学からは、使用ごとに価値や意味が異なる、結果がよければ偽も真とされる、絶対的な必然性が問われないなど、「相対主義」として批判されてきた。だが、デューイは、知識についての考え方を、次のように根本的に転換している。第一に、知識の価値は、行動の文脈によって決定され、行動の目的に対して相対的である。たとえば、「木」について必要とされる知識は、大工にとっては堅固な家屋を建てるための知識であり、庭師にとっては美しい庭園を造営するための知識である。どちらの知識が「真理」なのか脱文脈的に決定することはできない。それぞれの行動の目的の達成に役立つ知識、すなわち、行動の帰結の確実性を高める知識がそれぞれにとって価値ある知識である。知識の価値は行動の目的に対する効果によって決定される。

第二に、意図した帰結に至らなかった場合、誤りは知識にあるのではなく、思考における知識の使用の方法に帰せられる。思考において知識の不適切な使用や、必要な知識の不使用があると、問題解決という結果は生み出されない。意図した帰結に至るためには、知識が適切に使用されて、状況の性質が明確にされ適切な行動観念が考案されなければならない。誤りは非知性的な思考の方法に帰せられる。

第三に、知識の示す内容は蓋然的である。知識に示されている規則は絶対的な法則ではない。ある程度の確率で発生する関連や連続である。問題解決で使用される知識は、たとえば「黒雲が急に上空を覆うと間もなく夕立になる」という命題で示される。そのような関連や連続は蓋然的である。したがって、「間もなく夕立になる」という状況についての判断の確実性を高めるためには、「遠くで雷鳴が聞こえると……」「急に空気が冷たくなると……」など、「間もなく夕立になる」ことに関係する他の知識を組み合わせることが必要となる。このように組み合わせて思考することにより、「間もなく夕立になる」ことの確実性は高まる。また、やや幅のある小川に、倒木を橋として架けて渡ろうと意図する場合に、「乗っても折れない堅固さが必要だ」「渡っているときに転がらない安定性が……」「小川まで運べる程度の重さであることが……」など、倒木を橋とするために必要とされる知識を組み合わせて使用することが求められる。そのような適切な知識の適切な使用により、指導観念の効果や現実性について確実性は高められる。

このように現実世界において行動を通じて問題解決を意図する場合、知識は思考が知性的に機能するための道具である。思考が必要な知識を適切に使用して行動を導く機能の仕方に、知性は示される。

経験の連続的発展

デューイは、「経験（experience）」の概念をどのように改定したのだろうか。

古代ギリシア哲学では、経験とは過去の行動の単なる蓄積であり、経験から確実性のある知識は得られないと見なされた。一方、イギリス経験論では、経験とは与件を受動的に受け入れる観察であり、外界の事物についての正しい観念を精神に表象する出発点であった。しかし、思考は観察与件を精神に伝達する過程に歪みを生じさせる原因と考えられた。いずれの経験の概念においても、思考と知識と行動とは、知性によって結びつけられてはいなかった。

デューイにとって、経験とは、第一に、反省された過去の活動である。すなわち、その活動における行動が反省され、そこにおける意味、すなわち相互作用の規則が知識として抽出されている活動である。第二に、意図的で実験的な活動である。すなわち、生み出したい結果を意図し、知識を使用して指導観念を考案して、実験的に行動を導こうとする活動である。いずれにおいても、経験とは、思考と知識と行動とが知性によって結びつけられている活動である。

したがって、知識と思考と行動とを知性的に結びつけること、すなわち、行った活動を反省して知識を抽出して増加させ、増加した知識を組み合わせて使用することで、行おうとする活動の確実性を高めることが可能となる。このように知識を増加させ、それらを駆使することにより、意図した結果を生み出す能力が高まる。このことが経験の連続的発展であり、「成長（growth）」である。デューイは、『民主主義と教育』において、「成長の理想は、結局、教育とは、経験を絶え間なく再組織ないし改造することである、という考えに帰着する」（Dewey, 1916〔邦訳、一二七頁〕）と述べている。

このような経験の連続的な発展、すなわち経験の再構成による成長は、問題状況の性質が毎回それぞれ新規であることによって可能となる。毎回の問題状況を構成する要素には、以前の事例と同一のものも異なったものもある。したがって、問題解決を経験として構成するためには、関係する多様な知識を適切に組み合わせて、直面している問題状況の個性的な性質を明確にし、その性質に適切で解決に向けて効果的な指導観念を考案しなければならない。

つまり、デューイが『思考の方法』や『論理学』で論じている「探究（inquiry）」とは、このように新たな問題状況において、その解決をめざして新たな行動観念を考案するという経験である。だから探究を反省することにより新たな知識が道具として蓄積される。そして、そのような知識が増大された資源となり、それ以後に遭遇する多様な問題状況で、高い確実性において解決へと導く探究を行うことが可能となる。

知性の協同への参加

さらに、デューイは、社会的な問題の解決に向けて、人々が相互の知性を「協同（cooperation）」して取り組むことを主張した。すなわち、多様な能力を有する人々が相互の多様な経験を交換したり、結合したりして、社会的な問題の解決に至る指導観念の確実性を高めることができると論じた。

そのような観点から、デューイは、多様な個性的な能力を有する個人が、それぞれの能力を最大限に成長させ、協同的に発揮できる社会のあり方を重視した。デューイは、多様性の実現されている社会は変化に柔軟に対応可能であり、変化に対して強いと言う。多様な個性をもつ人々の知的協同によって、問題解決に適切かつ効果的な知識が多様に使用できるからである。それにより多様な示唆が生まれ、そこから確実性の高い指導観念の考案へと発展する可能性が高くなるからである。

そのためには、人々の間で経験の交換・結合、すなわちコミュニケーションが自由かつ豊富に行われることが条件になる。デューイは、民主主義社会のあり方と成熟度に関する基準をこのような条件に見出した。そのために、人々が協同的活動を自ら組織し、そこに自らの個性的な能力を発揮して参加・貢献することを保証する制度が必要とされるのである。

デューイにとって、民主主義とは、人々の豊かなコミュニケーションを基盤にして、社会的な問題の解決をめざす協同的活動が組織され、参加・貢献するという生活の仕方である。デューイは、「民主主義は、発祥地（home）ではじめなければならない」（Dewey, 1927〔邦訳、二〇二頁〕）と述べている。日常的な地域のコミュニティから民主的な関係性を生きる生活の仕方を再構築することが必要なのである。

学校と民主主義社会との経験の連続

人々の知性的な能力、またそれをコミュニケーションによって協同的な活動へと組織し、参加・貢献する能力は、どのようにして現実的な能力として育成されるのだろうか。

デューイは学校教育に期待した。デューイは、シカゴ大学時代に附属実験学校を設置して教育実践に取り組んだ。その報告書である『学校と社会』では、学校を、子どもたちが協同的で探究的な活動を組織し、参加・貢献する経験が遂げられる場とすることが提唱されている。そこでデューイは、子どもたちが共通の関心に基づいて、意識を集中して協同的に取り組む学習活動、すなわち「しごと（occupation）」を重視した。そして、そのような活動を通じて、子どもたちは、各自の知識や個性的な能力を交換・結合して、自分たちの設定した課題を達成するという協同的で探究的な活動を組織し、参加・貢献することを経験するのである。つまり、「しごと」を通じて、子どもたちは民主主義社会の構成員としての生活の仕方を、「行うことによって学ぶ（learning by doing）」のである。

デューイは、学校を「小型の共同体、胎芽的な社会（a miniature community, an embryonic society）」として構成し、子どもたちを協同的で探究的な活動が展開される関係性の中に投げ込み、子どもたちの経験を通じて、そのような関係性を生きる能力の育成をめざした。後に『民主主義と教育』で敷衍しているように、デューイは、学校での学習活動の経験と民主主義社会での生活の経験とを連続的に発展させようとした。そのようにして、教育を通じて民主主義再構築という社会改良をめざした。

3　メリオリズム（知性による改良主義）の哲学

不確実性を引き受ける

デューイは「現実から逃げなかった哲学者」と評価されつつも、人間の知性を楽天的に信頼していると批判された。しかし、デューイは人間の知性を万能なものと楽天的に捉えているのだろうか。

デューイによれば、人間に可能なことは、自らの知性によって問題解決に至る行動の確実性を高めることにとどまる。人間には生きる上で、絶対的に確実な基盤は保証されていない。人間を取り巻く環境の変化は偶発的で流動的である。人間が生きる足元には堅固で確実な基盤はない。それにもかかわらず、人間は自らの知性を協同することによって、問題解決に向けて行動を起こして取り組まなければならない。先送り、逃避、軽視は、人間の種としての生命の維持・更新を危うくする。人間は、流動的・偶発的な状況の中で、不確実性を引き受けて進まざるをえない探究的な行為者なのである。

確かにデューイは、人間の知性を信頼した。しかし、人間にとって知性は潜在的な可能性にとどまる。知性的な思考は意図的・反省的な経験の連続、すなわち知的努力によって現実化される能力である。人間には自らの知的努力によって知性を高め、自らの行動を導くことしか方法はないのである。

デューイは、『共通の信仰』において、不確実性を引き受けつつも、自らの知性を信頼して問題解決をめざして行動する人に、「宗教的（religious）」ともいうべき生き方が見られると述べている。このように、デューイにとってメリオリズム、すなわち、人間の知性による社会改良をめざす立場は、人間の知性を楽観的に信頼する立場ではない。状況から逃げることなく現実世界での問題の解決に向けて、自らの知性を恃みとして、自ら想像した理想に向けて自己投企する生き方なのである。

コモンマンへの信頼

デューイが再生をめざした民主主義、すなわち、人々の知性の協同によって社会的な問題の解決に取り組むという生活の仕方は、実現可能な現実性のあるものであったのだろうか。

第一次世界大戦後のアメリカでは、物質豊かな生活様式が実現し、画一的な消費社会が確立されていった。人々の生活の変化に伴い、公共的な問題の解決に向けて自ら言動する「公衆（the public）」の衰退が論じられていた。一方で、社会的な問題が複雑化するほど、高度な専門的知識と技術を有する専門家集団が必要とされ始めた。デューイは専門家と一般の人々との間の分断が発生する危険性を感じた。確かに、大恐慌後のニューディール政策の実施は、政府による経済活動に対する統制という点で、デューイの主張の実現と見なすことができる。しかし、経済活動に対する政府による統制の開始が、新たにそのための政策の策定に専従する専門家集団を誕生させた。そして、デューイは、専門家集団が公共の問題に無関心な大衆を統制するという、新たな社会構造が発生しつつあると論じた。

デューイは、民主主義の生活の仕方として、世論形成や代表者選出とその活動の監視などに、一般の人々が公衆として参加するあり方を重視した。その点で、デューイは「コモンマン（普通の人々）」の知性を信頼し、その能力の発達が学校教育によって保証されなければならないと論じた。デューイによれば、人間は多様な知的能力を所有しており、どのような能力が成長するかは、その時代の社会を方向づけている理想、慣習、制度、教育などの文化との相互作用による。人間の成長にとって不可欠の環境である文化が異なれば開花する知的能力も異なる。したがって、コモンマンが知性ある公衆として活動する可能性は、文化とそこにおける教育のあり方に依存している。デューイが民主主義の要件として重視したことは、『自由と文化』において論じているように、コモンマンの知性が最高度に発揮されるような文化である。すなわち、コモンマンの知性が、社会的な問題の解決に取り組む活動を組織し、そこに参加・貢献することを保証された社会のあり方、特に学校教育の行われ方なのである。

［参考文献］

以下のデューイの著作は次の論集に収められている。
Middle Works=*The Middle Works: 1899–1924*, ed. by J. A. Boydson, 15 vols, Southern Illinois University Press, 1969–1972.
Later Works=*The Later Works: 1925–1953*, ed. by J. A. Boydson, 17 vols, Southern Illinois University Press, 1976–1983.
（なお、*The Early Works: 1882–1898* も同出版社から刊行されている）
Dewey, J., *The School and Society*, 1899, Middle Works, Vol. 1.（J・デューイ『学校と社会・子どもとカリキュラム』、市村尚久訳、講談社学術文庫、一九九八年）
――, *Democracy and Education*, 1916, Middle Works, Vol. 6.（J・デューイ『民主主義と教育』上・下、松野安男訳、岩波文庫、一九七五年）

――, *Reconstruction in Philosophy*, 1920, Middle Works, Vol. 12.（J・デューウィ『哲学の改造』、清水幾太郎・清水禮子訳、岩波文庫、一九六八年）

――, *Experience and Nature*, 1925, Later Works, Vol. 1.（J・デューイ『経験と自然』、河村望訳、『デューイ＝ミード著作集4』、人間の科学社、一九九七年）

――, *The Public and its Problems*, 1927, Later Works, Vol. 2.（J・デューイ『公衆とその諸問題』、植木豊訳、ハーベスト社、二〇一〇年）

――, *The Quest for Certainty*, 1929, Later Works, Vol. 4.（J・デューイ『確実性の探求』、河村望訳、『デューイ＝ミード著作集5』、人間の科学社、一九九六年）

――, *Individualism, Old and New*, 1930, Later Works, Vol. 5.（J・デューイ『新しい個人主義の創造』、『アメリカ古典文庫13　ジョン・デューイ』所収、明石紀雄訳、研究社出版、一九七五年）

――, *How We Think*, 1933, Later Works, Vol. 8.

――, *A Common Faith*, 1934, Later Works, Vol. 9.（J・デューイ『人類共通の信仰』、栗田修訳、晃洋書房、二〇一一年）

――, *Logic: The Theory of Inquiry*, 1938, Later Works, Vol. 12.（J・デューイ『行動の論理学――探求の理論』、河村望訳、人間の科学社、二〇一三年）

――, *Freedom and Culture*, 1939, Later Works, Vol. 13.（J・デューイ『自由と文化』、『アメリカ古典文庫13　ジョン・デューイ』所収、明石紀雄訳、研究社出版、一九七五年）

II

プラグマティズムの展開

プラグマティズムの新たな展開を射程に入れて，
クワイン，セラーズ，ローティ，デイヴィドソンの
基本的な考え方を解説する。

第4章　クワイン

小口裕史

1　経歴と主な著作

一九三〇年代に、プラグマティズムとヨーロッパの「論理実証主義（logical positivism）」（「論理的経験主義 logical empiricism」とも呼ぶ）との交流が盛んになった。ウィラード・ヴァン・オーマン・クワイン（Willard Van Orman Quine, 1908-2000）は、この時期に活躍し始めたアメリカの哲学者である。クワインは、特にR・カルナップ（一八九一—一九七〇）の哲学の批判的検討を通じて、経験主義の哲学をその内部から「改造する（rebuild）」ことを企てた。われわれは「文や語の意味は確定したものだ」「科学理論は客観的な証拠に基づく決定的なものだ」と思っているが、クワインはそのような強固な思い込みを精緻な議論によって根底から突き崩していったのである。

クワインはオハイオ州アクロンに生まれた。一九二六年にオベリン大学に入学し、数学を専攻した。

一九三〇年にハーヴァード大学大学院に進み、C・I・ルイス（一八八三―一九六四）、H・シェファー（一八八二―一九六四）、A・N・ホワイトヘッド（一八六一―一九四七）らの下で学んで、『プリンキピア・マテマティカ』（B・ラッセルとホワイトヘッドの共著。記号論理学の確立に大きく貢献した）についての博士論文を書き、二三歳にして博士号を取得した。大学院修了後、大学から奨学金を得てヨーロッパに一年間滞在した。ウィーンでは、論理実証主義を唱道する「ウィーン学団」のメンバーと会談した。彼らはラッセル（一八七二―一九七〇）やウィトゲンシュタインの論理分析の手法にならい、有意味な文は検証可能なものに限られ、伝統的な形而上学は無意味なものだと見なしていた。クワインは、ウィーン学団の一員だったカルナップとはその後プラハでも会い、彼の講義に出席した。さらにワルシャワでは、「ポーランド学派」のJ・ウカシェーヴィチ（一八七八―一九五六）やA・タルスキ（一九〇一―一九八三）らに会った。一九三六年にハーヴァード大学講師、一九四八年に教授となって、一九七八年に引退した。なお、一九五九年には東京大学からの依頼で来日し、一か月間講義を行った。

クワインの論文と著書は数多くあるが、その中で特に重要なのは、一九五一年の「経験主義の二つのドグマ」（一九五三年の『論理的観点から』に再録）と一九六〇年の『ことばと対象』である。

2　「経験主義の二つのドグマ」

より徹底したプラグマティズム

「経験主義の二つのドグマ」（以下、「二つのドグマ」と略記する）は、分析哲学の基盤をなす前提を問い直し否定したという点で、きわめて大きな影響を及ぼしてきた。この論文の最終段落でクワインは、「より徹底した（more thorough）プラグマティズム」を支持すると表明した。

カルナップやルイスその他の人々は、さまざまな言語形式、科学の枠組みのあいだでの選択の問題について、プラグマティックな立場を取っている。しかし、かれらのプラグマティズムは、分析的と総合的とのあいだにあると想定された境界のところで終わりを告げる。こうした境界を拒むことで、私はより徹底したプラグマティズムを支持する。ひとは各々、科学の遺産に加えて、感覚的刺激を連続的に大量に受け取っている。そして、その持続する感覚的刺激に合うように科学的遺産に変形を加える際に指針となる考慮は、合理的たらんとする限り、プラグマティックなものなのである。

（Quine, 1953, p. 46〔邦訳、六八頁〕）

クワインの見るところでは、論理実証主義を代表とする現代の経験主義は、次のような二つのドグマによって条件づけられてきた。

（1）「分析的（analytic）真理」、すなわち「事実問題とは独立に、意味（meanings）に基づく真理」と、「総合的（synthetic）真理」、すなわち「事実に基づく真理」との間には根本的な分裂がある、という信念。

（2）「還元主義」、すなわち、有意味な言明（statement）はどれも直接的経験を指示する名辞からの論理的構成物と等値であるという信念。

これらには根拠がないと論じて、クワインは破棄する。つまり、「ドグマなき経験主義」こそが「より徹底したプラグマティズム」に他ならない。では、二つのドグマはどのようにして破棄されるのだろうか。まず、一つ目のドグマについて、クワインの議論の中でも特に重要な、分析性を同義性によって説明する方針への批判に注目して見ていこう。

分析性、同義性、定義

分析的言明には、第一に、論理的真理、すなわち、それ自体が真であり、かつ、「ない」「もしも」「かつ」などの「論理語」以外の構成要素をどのように再解釈しても真であり続ける言明がある。たとえば、「結婚していない人はだれも結婚していない」（言明①）は、「人」や「結婚している」をどのように解釈し直しても真であり続ける。第二に、それ自身は論理的真理ではないが、同義語を代入することによって論理的真理に変換できる言明がある。たとえば、「独身者はだれも結婚していない」（言明②）は、「独身者」の位置にその同義語である「結婚していない人」を代入すれば、言明①となる。

さて、第二の種類に属する言明は、定義によって論理的真理に還元されるかもしれない。言明②の場合、「独身者」は「結婚していない人」であると定義すればよいと思われる。しかし、定義は、それに先立って確認された同義性（二つの言語表現が同じ意味であること）に依存している。つまり、定義という概念に訴えても、同義性と分析性の問題は解けない。

同義性と「真理値を変えることなき交換可能性」

さらに、同義性とは「真理値を変えることなき交換可能性（interchangeability *salva veritate*）」（ライプニッツの用語で、二つの言語表現がすべての文脈において、真または偽という真理値を変化させることなしに交換可能であること）であるという見方を検討する必要がある。同義性を用いて分析性を説明しようとする際に必要とされるのは、分析性を前提としないような同義性の説明である。

まず、「様相」（可能性、現実性、必然性の三種類がある）の中の一つを表す副詞「必然的に（necessarily）」を含む言語では、「独身者」と「結婚していない人」が真理値を変えずに交換できるならば、両者は同義であると言える。だが、この副詞は、分析的言明に適用されたとき、かつそのときのみ、真理を生み出すと解釈されている。つまり、この副詞が意味をなすと仮定するのは「分析的」の意味がすでに理解されていると仮定することに他ならない。必然性が分析性に依存しているため、この議論は循環に近いものである、とクワインは指摘する。

次に、副詞「必然的に」を含まない言語では、「独身者」と「結婚していない人」が真理値を変えずに交換できるとしても、だからといって両者が同義だとは言えない。両者が同じ対象に適用されるのは各表現の「意味」に基づくことである、という保証はないからである。たとえば、「心臓がある動物」と「腎臓がある動物」という二つの表現は同じ対象に適用されるが、それは単に「偶然的な事実」による一致でしかない。この場合と、「独身者」と「結婚していない人」の場合とが異なっているという保証は、何もないのである。

還元主義の否定

さて次に、二つ目のドグマについて見ていこう。これは、「有意味な言明は、直接的経験についての言明に翻訳できる」と主張する「根元的還元主義」に基づく。この還元主義は、論理実証主義が掲げる「意味の検証（verification）理論」に先行するものである。意味の検証理論は、パース以来顕著になってきたものであり、「言明の意味とは、それを経験的に確証または検証する方法である」と考える。この理論によれば、いかなる場合でも、何が起ころうとも確証される極限的な種類の言明が分析的言明であることになる。つまり、還元主義のドグマは、実は、その根本は一つ目のドグマと同一なのである。

カルナップは、物理的対象についての言明を一つ一つ感覚的経験についての言明に翻訳する方法を示した。だが、そのような「還元」は粗描にとどまっているだけでなく、原理的にも困難である。また、「還元主義のドグマは、個々の言明が、他の言明から孤立して考えられても、ともかく確証や反証を受け付けうるという想定の中に生き残っている」と指摘して、クワインは反対提案をする。「外的世界についてのわれわれの言明は、個々独立にではなく、一つの集合体としてのみ、感覚的経験による審判を受ける」（Quine, 1953, p. 41〔邦訳、六一頁〕）。

全体論

かくしてクワインは、「経験的有意性の単位は、科学の全体（the whole of science）である」という一種の全体論（holism）を唱える。彼の全体論は、言明の真偽を確かめることにかかわるため、「確証の全体論」と見られ、「デュエム=クワインのテーゼ」とも呼ばれる。P・デュエム（一八六一―一九一六）はフランスの科学哲学者・科学史家であり、『物理理論の目的と構造』（一九一四年第二版）の中で、物理学者が実験によってテストできるのは単独の仮説ではなく、諸々の仮説の全体であると主張した。なお、クワインは後に、実は「二つのドグマ」を発表した当時はデュエムについて知らなかった、と語っている。

クワインは、科学の全体について、「中心と周縁」の構造をもたせてこう語る。「地理や歴史についてのごくありふれた事柄から、原子物理学、さらには純粋数学や論理に属するきわめて深遠な法則に至るまで、われわれのいわゆる知識や信念の総体は、周縁に沿ってのみ経験と接する人工の構築物である」（Quine, 1953, p. 42〔邦訳、六三頁〕）。この体系の比較的中心に位置するのは、物理学、数学、論理学、存在論などの高度に理論的な言明である。

科学的探究を続けていくうちに、物理法則や論理法則に反するように見える「扱い難い経験」が生じた場合は、言明の真理値の再配分が行われる。だが、どの言明の真理値を変更すべきかに関しては、広い選択の幅がある。なぜならば、科学の全体は「経験によっては、きわめて不十分にしか決定されない（underdetermined）」からである。扱い難い経験が生じても、どのような言明であれ、体系のどこか別の箇所で思い切った調整を行えば、真であると見なし続けることができる。逆に、どのような言明も改訂を免れていない。実際、論理法則の一つである排中律（ある言明を「p」と表したとき、「pまたはpでない」と表される）の改訂が、量子力学を単純化する手段として提案されている。いずれにせよ、扱い難い経験に科学の全体を適合させようとするとき、体系全体をできるだけ乱さないように「われわれの自然な傾向」、すなわち「保守主義」が働く。また、「単純性」も追求される。

道具としての科学

われわれの「科学という概念図式（conceptual scheme）」は「過去の経験をもとに未来の経験を予測するための道具」である。原子や素粒子も含めて物理的対象は、「便利な仲介物」として、しかも「経験から定義されるものとしてではなく、認識論的にはホメーロスの神々と比べられるような、還元されえない措定物（posits）として導入される」のである。とはいえ、「物理的対象の神話」が他の神話より認識論的に優れていると見なされるのは、道具として「効率がよい」からである（Quine, 1953, p. 44〔邦訳、六六頁〕）。

クワインによれば、「分析的‐総合的」という二分法の否定に伴い、存在論の問いと自然科学の問いが同じ身分をもつことになる。カルナップは「分析的‐総合的」の二分法に基づいて、存在論の問いは「便利な概念図式であるかどうかに関する問題」であり、その概念図式の下で探究される自然科学の問いは「事実に関する問題」であると見なした。そして、「便利な概念図式」はプラグマティックな決定によって選択されると考えた。ところが、クワインは、「分析的‐総合的」の二分法が成り立たない以上は、自然科学の仮説も同様にプラグマティックな決定によって選択されるものなのだと主張するのである。

3　『ことばと対象』

言語の社会性

『ことばと対象』には、「師であり友人であるルードルフ・カルナップへ」という献詞があり、クワインとカルナップの間の学問的交流の深さが示されている。第一版への序文が「言語は社会的なわざ（a social art）である」という文から始まるように、クワインは言語の社会性を強調する。言語を習得する際、われわれは、「間主観的に利用できる手がかり」に頼るしかない。われわれは、発話主体の「社会的に観察可能な刺激に対して、公然と反応する傾向性」を利用しなければ、言語の意味を比較照合できないのである。

根底的翻訳

クワインは、「根底的翻訳（radical translation）」という一種の思考実験を行った。そのねらいは、「文の意味としての命題（proposition）」という考えが維持できないことを示すことにあった。ある言語の文とその訳文とが共有する意味として命題を措定することは間違っている、というのである。ここでは、たとえば、英語の文“It's snowing.”とその訳文「雪が降っている。」とが共有する意味が命題だと考えておけばよい。

根底的翻訳の対象となる言語は、まだ辞書が作成されていない上に、通訳も存在しないという未知のものである。そのような言語の文を既知の言語の文に翻訳するためのマニュアルを、言語学者が、その言語の話者の言語行動を観察することによって作成しようというのである。この方針は行動主義であり、話者の「心の中」にある観念が単語や文の意味であると見なす心理主義とは異なる。この翻訳作業に携わる言語学者にとって、手がかりとなる「客観的データ」は、現地人が発する音声その他の観察可能な行動と、現地人に感覚的刺激を与えているのが観察される状況や事物だけである。このようなデータから現地語の話者の「意味」が示されるが、それは「刺激意味（stimulus meanings）」、つまり「もっとも客観的に経験的な意味、すなわち刺激に結びついた類いの意味」に限定される。

この仮想のフィールドワークにおいて、まずもっとも確実に翻訳されると考えられるのは、言語学者と現地語の話者双方にとって「目立っている現在の出来事」に結びついた発話である。たとえば、両者の目の前を一羽のうさぎが走り抜けたとき、現地語の話者が「ガバガイ（Gavagai）」と表記できるような音声を発したのを、言語学者が確認したとする。言語学者は、この発話をとりあえず「うさぎだ」「ほら、うさぎだ」などの一語文に翻訳して、書き留めておく。ただし、翻訳マニュアルを作成する作業をさらに進めていくためには、現地語の話者の同意のしぐさ、不同意のしぐさのパターンをあらかじめ特定しておく必要がある。質問に対して首を縦に振れば「同意」、首を横に振れば「不同意」だといった確認ができれば、さまざまな場面で、多数の話者に対して「ガバガイ？」という質問を繰り返し、訳文をより確からしいものにしていくことができるはずである。

また、「ガバガイ？」という質問に対して同意するよう現地語の話者を「促す（prompt）」のは、うさぎ自体ではなく、視覚的刺激である。そして、視覚的刺激とは、目の色彩照射パターンである。現地語の話者に「ガバガイ?」と質問したとき、うさぎがいる場面での視覚的刺激は同意を促すが、それ以外の刺激は不同意を促す。

場面文と観察文

「うさぎだ」「赤い」「独身者だ」のように、ある場面で適切な刺激が与えられたのに続いて問われたときに同意または不同意が求められる文を「場面文（occasion sentence）」と呼ぶ。それ以外の文は、「定常文（standing sentence）」である。また、場面文の中でも、「うさぎだ」「赤い」のように、刺激意味が付帯的情報ないし予備知識の影響によって変化しないものは、「観察文（observation sentence）」と呼ぶ。ある物を見ただけでわれわれは「赤い?」に対して一様に同意を示すか、または一様に不同意を示す。しかし、目の前にいる人について「独身者?」と問われた場合、その人の私生活についてあらかじめ情報をもっている者は同意または不同意を示すが、何の情報ももたない者はどちらとも言えないだろう。観察文は、子どもが母語を習得する際にも、言語学者が根底的翻訳に取り組む際にも、最初の足がかりとなる重要なものである。

翻訳の不確定性

根底的翻訳という思考実験から導き出されるのは、観察文以外の理論的な文に関する「翻訳の不確定性」というテーゼである。

①ある言語を別の言語に翻訳するためのマニュアルは、複数の異なるものが作成できる。
②それらはどれも、話者の発話への傾向性（speech dispositions）の全体と両立しうる。
③にもかかわらず、それらのマニュアルは互いに両立しえない。(Quine, 1960, p. 27〔邦訳、四二頁〕)

この「原理」は、次のような可能性を示している。言語OLの文を言語MLの文に翻訳するためのマニュアルM_1、M_2が作成され、言語OLの文S_0の訳文としてM_1によりS_1が、M_2によりS_2が得られる場合、文S_1と文S_2は両立しない。つまり、文S_1が真であるとき文S_2は偽であるか、または、文S_1が偽であるとき文S_2は真であるという可能性がある。

これは、われわれの常識に反することである。翻訳に関する常識では、文S_0の訳文である文S_1と文S_2とは、多少のニュアンスの違いはあっても、真偽が異なることなどありえない。しかし、そう思うのは、「原文とその訳文には共通の意味ないし観念があるはずだ」という心理主義的な先入観にとらわれているせいなのだ、とクワインは指摘するのである。

指示の不可測性

場面文として見た「ガバガイ！」と「うさぎだ！」の刺激意味が同じであるとしても、名辞としての「ガバガイ」と「うさぎ」が同じ対象を指し示すとは限らない。名辞「ガバガイ」を、「うさぎ相」（「うさぎの短時間の諸断片」）、「分離されていないうさぎ部分」「うさぎ性」など、「うさぎ」とは異なる名辞へと訳す可能性が出てくる。現地語がもっている世界の分節化の体系がわれわれの言語のそれと同一である保証はないからである。「場面文と刺激意味は、普遍的に通用する通貨である。しかし、名辞と指示対象（reference）は、われわれの概念図式に特有なものである」（Quine, 1960, p. 53〔邦訳、八四頁〕）。

そこで、「ガバガイ」が何を指すのかを明確にするために、言語学者がうさぎを指差しながら、「これはあれと同じガバガイか？」「ここにはガバガイが一つあるのか、それとも二つあるのか？」などと、同一性と差異にかかわる質問を現地語の話者に対して加えることが必要になる。ただし、そのためには、現地語のある構文の翻訳として、「同一である」と「同一の動物の諸相である」のどちらを採用するのか、決めておく必要がある。つまり、文をより短い単位へと分割してわれわれの言語に対応させる「分析仮説」を作っておかなければならない。だが、どの分析仮説を採用するにしても、数的同一性およびそれに関連する不変化詞の翻訳を調整することによって、刺激意味への適合性を確保できるのである。

要するに、現地語の文の「解体法（anatomy）」には「不可測性（inscrutability）」がある。これは分析仮説の不確定性であるが、名辞の指示対象に関する不確定性とも言える。この論点は、一九六八年の論文「存在論的相対性」（Quine, 1969a）では「指示の不可測性」と呼ばれ、「翻訳の不確定性」とは区別された。このテーゼは、存在論が言語と不可分であることを鮮明に示した点で重要である。ある名辞の指示対象が何かという問題は、実は、何が存在しているのかという問題である。前者の問題の答えはその名辞について説明する言語（「背景言語」）に相対的であり、したがって、後者の問題の答えも同じくその言語に相対的なのである。

理論の決定不全性

「翻訳の不確定性」に類似したテーゼとして、クワインは、経験による「理論の決定不全性（under-determination）」も提示した。「文の根底的翻訳が言語行動への傾向性の全体によっては十分に決定されないのと同程度に、われわれ自身の理論と信念も、一般に、可能な感覚的証拠の全体によっては永遠に十分に決定されることはない」（Quine, 1960, p. 78〔邦訳、一二二頁〕）。実験と観察から得た同一の証拠に基づいて複数の科学理論を構築できるが、そのどれかが唯一の真なる理論であるわけではない、というのである。

「ノイラートの船」と真理

全体論について説明する際、クワインはウィーン学団の一員だったO・ノイラート（一八八二―一九四五）のことばを引用している。「ノイラートは科学を船にたとえて、われわれがそれを改造するのならば、船上にとどまったままで板を一枚一枚張り替えてゆかなければならない、と言った。哲学者も科学者と同じ船に乗っているのである」（Quine, 1960, p. 3〔邦訳、四頁〕）。この比喩により、クワインは科学理論の連続的変化と言語の漸次的変化を語った。また、従来は哲学の一分野と見なされてきた認識論を、経験心理学を利用し、自然科学の一部として研究するという「自然主義」を提唱した。この論点は、一九六八年の論文「自然化された認識論」（Quine, 1969b）で主題的に扱われた。

さらに、クワインは真理の問題も「ノイラートの船」との関係において論じた。ある言明の真偽は、その言明を取り囲む理論全体の観点から判断される。だが、この見方は相対主義的な真理論ではない。

「進化しつつあるわれわれ自身の理論全体の内部にあってこそ、われわれはできるかぎり真剣にそして絶対的に真理を判断することができる。修正を受けはするが、それは言うまでもないことである」（Quine, 1960, p. 25〔邦訳、三九頁〕）。ここには、C・S・パースやJ・デューイの可謬主義に通じる考え方が見られる。ただし、クワインはパースの真理論の難点を指摘している。パースは、真理とはわれわれが経験に対して科学的方法を適用し続けるときに極限として接近していく「理想的な理論」であると考えた。しかし、「理論の極限」と言うとき、パースは極限の概念を誤用している。この概念は「より近い」という概念に依拠していて、「より近い」はあくまでも数について定義されるからである。また、科学的探究の結果として「唯一の理想的結果」が得られるとする点にも無理があることは、「理論の決定不全性」から明らかである、とクワインは言うのである。

クワインの哲学の批判的継承

クワインの「ネオ・プラグマティズム」は、さまざまな議論を誘発した。弟子であったD・デイヴィドソンは、クワインの「概念図式」は経験主義の「第三のドグマ」であると断じた。R・ローティは、「ノイラートの船」に乗っているわれわれは「自文化中心主義」から異文化との「会話」を始めざるをえないと論じた。また、クワインは様相述語論理学の難点を指摘していたが、S・クリプキ（一九四〇―　）やD・ルイス（一九四一―二〇〇一）らが「可能世界」を用いた意味論を構築し、分析性に依存せずに必然性を捉えることが可能になった。

クワインの自然主義は哲学を「科学の基礎づけ」という伝統的な役割から解放するものであったが、

「哲学の使命は何か」という問題は現在でも重要な課題であり続けている。

[参考文献]

魚津郁夫『プラグマティズムの思想』、ちくま学芸文庫、二〇〇六年。
丹治信春『クワイン――ホーリズムの哲学』、平凡社ライブラリー、二〇〇九年。
冨田恭彦『クワインと現代アメリカ哲学』、世界思想社、一九九四年。
Duhem, P. M. M., *La théorie physique, son objet et sa structure*, 2e éd., Chevalier et Rivière, 1914.（P・デュエム『物理理論の目的と構造』、小林道夫・熊谷陽一・我孫子信訳、勁草書房、一九九一年）
Quine, W. V. O., *From a Logical Point of View: 9 logico-philosophical essays*, Harvard University Press, 1953; revised edition, 1980.（W・V・O・クワイン『論理的観点から――論理と哲学をめぐる九章』、飯田隆訳、勁草書房、一九九二年）
――――, *Word and Object*, M. I. T. Press, 1960.（W・V・O・クワイン『ことばと対象』、大出晁・宮館恵訳、勁草書房、一九八四年）
――――, "Ontological Relativity", *Ontological Relativity and Other Essays*, Columbia University Press, 1969a.
――――, "Epistemology Naturalized", *Ontological Relativity and Other Essays*, Columbia University Press, 1969b.（W・V・O・クワイン「自然化された認識論」、伊藤春樹訳、『現代思想』、一九八八年七月号、青土社、四八――六三頁）

第5章　セラーズ

浜野研三

1　体系的思想家セラーズ

ウィルフリド・セラーズ（Wilfrid Stalker Sellars, 1912–89）は、二〇世紀前半に批判的実在論者として知られていたロイ・ウッド・セラーズ（一八八〇―一九七三）の息子として一九一二年にアン・アーバーに生まれ、ミシガン大学やオックスフォード大学、ハーヴァード大学などで学び、その後教師としてアイオワ大学、ミネソタ大学、イェール大学を経て、一九六三年よりピッツバーグ大学に移り、一九八九年の逝去に至るまでピッツバーグ大学哲学科を哲学研究の世界的拠点の一つとすることに貢献した。

強力な教授陣を擁する複数の大学で学ぶ中、セラーズは、ハーヴァード大学でW・V・O・クワインに教えを受けたことに象徴されるように、当時の分析哲学の最先端の流れを学ぶ一方、広く深いヨーロッパ哲学史の知識をも獲得した。哲学史についての該博な知識と分析哲学の十分な素養を駆使することにより、セラーズは分析哲学者には珍しく、きわめて体系的な思想を構築した。セラーズの最大の目標は科学的世界像と人文科学的世界像の独自の総合であり、彼の名高い論文の一つである「哲学と人間についての科学的イメージ（*Philosophy and the Scientific Image of Man*）」において、興味深い説が提示されている。自らの壮大な企てを実行するために、一九四〇年代の後半以降、セラーズは独自の意味論や心の哲学、そして認識論など多様な問題領域において、後の議論を先取りする多くの独創的な論文を発表している。これらのうちの主要なものは、あまりにも有名な「経験論と心の哲学（*Empiricism and the Philosophy of Mind*）」をも含めて『科学・知覚・実在（*Science, Perception and Reality*）』に収められている。そして、それらをより体系的に述べたものが、一九六五年のロック・レクチャーに基づく『科学と形而上学——カント的テーマに関する変奏（*Science and Metaphysics: Variations on Kantian Themes*）』である。それには、彼の哲学の中核をなす規範の規範性に直接かかわる倫理学についての章が含まれている。そして、後に『科学・知覚・実在』でより明確に表現される洞察が最初に公表されたものであり、その意味で記念碑的と呼びうる諸論文が『純粋語用論と可能世界——ウィルフリド・セラーズ初期論文集（*Pure Pragmatics and Possible World: The Early Essays of Wilfrid Sellars*）』に収められている。また、一九八九年のセラーズの死後、彼の影響を受けた哲学者が彼らの主著の中でしばしばセラーズの洞察について言及したため、セラーズに対する関心が高まり、入手し難くなっていた主要論文をも収めた『理由の空間の中で——ウィルフリド・セラーズ論文選（*In the Space of Reasons: Selected Essays of Wilfrid Sellars*）』が出版されている。

以下では、このような体系的思想家であるセラーズのプラグマティストとしての側面について説明する。

2　自らプラグマティストと名乗らなかったセラーズのプラグマティズム

一九九〇年代からの再評価の動きもあり、「所与の神話」批判や「理由の空間」概念の提唱など、セラーズの名前やその思想は次第にわが国でも知られつつあるが、その思想の全体的な理解や評価については、いまだしというのが現状である。さらに、セラーズ自身は、自らがプラグマティストであると明白に語ったことはない。しかし、C・ミサク（一九六一―　）、R・ブランダム（一九五〇―　）など現代の代表的なプラグマティストたちはこぞって、説得力のある仕方でセラーズを二〇世紀後半の代表的なプラグマティストと呼んでいる。したがって、本章においては、紙幅の都合も考慮して、もっとも有名かつその思想の核が示されている「所与の神話」批判を取り上げて、その中心的な内容を紹介しつつ、そこに見られるプラグマティズム的思想の展開を指摘することにする。なお、ここではプラグマティズムの最大公約数的とも言える特徴として、H・パトナム（一九二六―二〇一六）が挙げている、反懐疑論、可謬論、実践の優位（Putnam, 1994, p. 152）を念頭に置いている。

3　所与の神話の内容

所与とはいかなるものか——基礎づけ主義を支えるもの

所与の神話とは、認識者に直接的に与えられ、しかも他のものから独立にその真理性が保証されているものの存在を受け入れる考えを指している。所与の例は多数あるが、その代表的なものとして、経験論の伝統を受け継ぐ論理実証主義者などが唱えたセンス・データ（感覚所与）を挙げることができる。「今自分に赤いものが見える」などという自分のセンス・データを記述するとき、それに対応する赤いものが外界に存在しようとしまいと、その人に赤いものが見えているという事実が存在する。「赤」と記述すべき経験的データが端的に与えられており、その認識の真理性は疑いえないというわけである。なぜなら、その経験が直接、認識者に与えられている上に、他のいかなるものからも独立な仕方で与えられていると見なされるからである。直接性・独立性という特徴は、知識体系の基盤として、他の認知的な事象に依存することなく、しかも他の認識の基盤となるために要請される特徴である。所与はまさに基礎づけ主義が要請する、知識の体系の基礎を成すものとして理解されている。

右で述べた所与の特徴は、自らは動かされることなく他のものを動かすもの、すなわち不動の動者と見なされる神の、認識論における対応物としても理解することができる。所与の存在が確保されれば、知識の正当化の作業は、無限背進を免れることができる。すなわち、Aを正当化するためにBを、Bを正当化するためにCを、という形で正当化ゲームを続けていくときにただちに問題として姿を現す、正当化ゲームが終わりなく続くという無限背進の危険を、所与の存在が解決してくれる。所与は、それ自体は正当化を必要とせずしかも他の知識を正当化する役割を果たす知識の基礎なのである。所与の神話は、知識の不可疑で確実な基盤を求める認識論上の要請に応えるものとして、何よりも無限背進の危険を回避するために生み出され、維持されてきたものであると言うことができる。

ここで強調されるべきことは、所与を認識の基礎とする特権的地位の根拠となる、その直接性と独立性という二つの特徴が、何よりもそれが非推論的な仕方で認識されるという事実に基づいているということである。われわれは通常、推論を介することなくただちに自分の感覚に与えられたものを認識していると考えている。認識の基礎という役割を与えられている所与を神話として否定するためには、これら直接性と独立性という明白に見える特徴とそれを支えている非推論性という性質を解明し、それらの真の性質を明らかにすることが要請される。後に述べるように、「経験論と心の哲学」はまさにそのような課題を今一つの神話を用いて独創的な仕方で解決する試みなのである。

このような「所与の神話」の批判にとって核心をなす概念が、「理由の空間」概念である。次にそれを説明する。

4　所与の神話の批判──観察言語の非自立性

理由の空間──知的主張には正当化という行為による裏打ちが不可欠

セラーズについて語る際に繰り返し引用される、もっとも有名な一節を見てみよう。

本質的な点は、ある出来事、ないし状態を知ることという出来事ないし状態として性格付ける際に、われわれはその出来事ないし状態に関する経験的記述を与えているのではない、ということである。われわれはその出来事を理由からなる論理空間のうち、述べたことを正当化したり、正当化することができたりすることからなる論理空間のうちに置いているのである。

（Sellars, 1997, p. 76〔邦訳、八五頁〕傍点は、原文による）

ここでセラーズが主張していることは、認識主体の状態やそこで起きた出来事を、知っている、あるいは知るようになった状態や出来事として記述する場合、単なる経験的記述が与えられたわけではなく、当の事態や出来事が知識ないし知っているという記述に値するのか否かという、正当化が問題となる記述がなされたことを意味するということである。言い換えれば、「知っている」ないし「知識を得た」という記述を与えることは、そのような記述の適切さに関する正当化を行う用意が不可欠であることを意味している。それは、知識に関する規範を満たしているか否かが問われ、それに適切に応えることが要請される理由の空間に、当の事態や出来事を置くことを意味しているのである。

なぜある状態や出来事が知識の名に値するのか、ということについての正当化理由を与えること、ないし与える用意がなければ、その記述は根拠のないものとして退けられる。たとえば、「私は今赤いものを見ているようだ」、あるいは、「私は今赤い信号を見ているようだ」などという自分の状態を知識や知っている状態として記述することは、平板な一次元的能力の発揮にとどまらず、後に具体例を挙げて説明するように、その記述に用いられた諸概念を支配しているさまざまな規範を理解し、自らの記述がまさにそのような規範に合致していることについて根拠を挙げて説明できることを含意している。そのような規範にかかわる言語を用いて正当化行為をなすことができなければ、その人は、当の事実を知っているとは見なされえないのである。

このように、知識の所有を主張するためには、一定の状態が自らのうちに生じた、ないし生じているというだけでは不十分である。たとえば「私の見ている花は赤い」と言い（say）、主張するためには、それと結びついているその主張を正当化するための行為をなす（do）ないし、なす能力が不可欠なのである。そのような行為の力やその発揮があって、はじめてその主張は知識に関する主張としての地位を獲得しうる。自分が何かを知っていると言うためには、その主張を正当化する行為が不可欠である。何かを観察し記述する際に用いられる観察言語はそれだけで自立しているわけではなく、その主張を正当化するための規範的言語と分かち難く結びついていることを、セラーズは理由の空間概念を用いて指摘しているのである。自分が何かを知っていると主張するという行為の正当化のためには、規範的語彙を用いて正当化をなす行為が不可欠であるという主張が示すように、何よりも行為・実践に焦点を当てるきわめてプラグマティックな態度が、「理由の空間」概念の提唱の背後に見られるのである。

意味の全体論

言うまでもなく、正当化を行うための推論は、推論を行う人がその主張をなす際に用いている概念を正しく把握し用いうることを前提としている。そして、言語に着目して分析や思考を行うという言語論的転回（linguistic turn）の実践者・推進者であったセラーズにとって、概念の獲得とは、それに対応する言語の習得なのである。したがって、推論を行うためには、他の語や文など他の言語表現についての正しい理解と使用能力が不可欠である。いかなる介在物なしに直接に与えられたとしても、当の語が、正当化の推論に関与するためには、他の語や文とのつながりから独立であることはできない。

「この本は赤い表紙をしている」ことを知識として主張するためには、本の表紙の色が正しく認識される標準的な状況についての理解が必要であり、同様に、赤は色の一つであり、青や黄や紫などの他の色と異なっている等々、数多くの他の概念や事象についての理解が不可欠である。実際、当の文を結論とする推論を行うためには、その推論を構成する前提など推論にかかわる数多くの事柄を知っていることが必要なのである。また、推論の結論や前提となるためには、その状態が認知的性格、たとえば文としての性格をもつべきなのである。以上のように、ある状態や出来事が知識に関する主張の対象として理由の空間に棲息しうるためには、認知にかかわる文としての性格とともに、他の言語表現との密接な結びつきが必要である。このようにセラーズは、概念や判断、したがって語や文の意味について全体論の立場をとっている。

「見える（look）」の分析——是認の保留

セラーズは、所与の代表的な例としての「見える（look）」という言語表現について、斬新な解釈を与えることにより、そのような表現がもつ、所与の神話へと誘う魅力を無化した。その際セラーズが第一に指摘するのは、「あるものが……と見える」と「あるものが……である」の間の相違を正しく理解することが、問題の本質を理解する重要な一歩であるという事実である。すなわち、後者のようなことを言う者は、単に記述をなすだけではなく、それがなす主張を是認（endorse）しているのである。他方、前者の方は、そのような是認を控え、保留している。前者のような言説、いわば見えるの語りは誤謬として否定されることがない、したがって疑いえない知識という幻影は、実は、当の言説が是認することを控えているという、いわば負の事実に由来しているのである。ゲームに参加しないゆえに、負ける（偽である）ことがないだけであり、勝つ（真である）こともないのである。

共同体の中での社会的な実践による規範の生成と変貌

知識の所有を主張することは、自分の状態を知識として正当化可能なものと是認することを意味し、それは、規範的な力の支配する場に身を置くことを意味する。そこでは、理由を求める規範の力に応えるべく、規範を援用しつつ自らの主張を正当化することが要請される。このような他者とともに生きる共同体における社会的実践の中で、さまざまな規範によって生み出されている磁場こそが、われわれの認知的行為の場である。知識をめぐるこのような理解のうちに、パースが批判したようなデカルト的な個的自己の省察によって知識を考察する態度とはまったく違った態度が明確にされている。

さらにセラーズが指摘するのは、今述べたことからもわかるように、「……である」という言説が主であり「……であるように見える」に先行しているということである。後者は、前者の欠如態、いわば前者マイナス是認なのである。また、是認する以上は、まさに、是認に値するという根拠を述べることによって、自らの主張の正当性を示す必要がある。そのような例として、セラーズは、特殊な光線にさらされていないなど、われわれの色の認識を惑わせる要素が存在しない標準的状況下で緑に見えるものは、実際に緑であるという、一般に受け入れられている規則・規範を援用しつつ、正当化を行う例を挙げている。理由の空間においては、このような規範を援用しながらの正当化の試みがなされる。しかも、緑というためには、それが色であること、赤や黄などと異なる色であるということ、色の正しい知覚が可能になる標準的な状況に関する多くのことなど、他の数多くの事柄をすでに知っていることが必要である。

5　「所与の神話」に代わるもの——非基礎づけ主義的可謬論

全体論的体系の徐々たる成立——無限背進の回避と非推論性の脱神話化

ここで注目すべきことは、規範の体系は、徐々に生まれてくることである。セラーズはこの過程を、子どもが言語を習得していく過程をモデルとして考えている。われわれは、セラーズが「パターンに支配された行動（pattern-governed behavior）」と呼ぶ、行為主体は当のパターンを自覚していないがそのパターンに従ってはいる行動能力をまず身につける。そして次第に、訓練によって徐々に育まれる規範のパターンに従う行動の能力のレパートリーが増加し複雑化するにしたがって、さまざまな規範の自覚とともに多くの行為をなすことができるようになる。このような徐々たる変化を経て、われわれは一人前の言語使用者、知識をもち、知識について語りうる者として扱われるようになる。セラーズはこの徐々たる変化の過程に着目する。その過程では、夜明けの光が次第に全体に射し始めるような仕方で、質的な変化がもたらされる。このように訓練により徐々に進む言語習得の過程をモデルとして、正当化なしに規則に従う正しく適切である行動のレベルに焦点を当てることのうちに、セラーズは無限背進のおそれを解消するための鍵を見出している。全体論をとるセラーズにとって、知識の体系は、基盤となる不変の知識から次第にレンガを積み上げるような仕方で組み立てられるようなものではなく、正当化も直線的なものではなく、徐々に全体論的に推移するものであり、無限背進のおそれもないと考えるのである。

セラーズは、所与がもつ直接性という特徴を支える事実として、所与が非推論的に与えられることを挙げ、「ジョーンズの神話」によって非推論性に付与されている理論的（いわば神話的）意義を否定する。この「所与の神話」に対する対抗神話と言うべきものは、セラーズの独創的な議論として名高いものである。その概要は以下のようなものである。

ジョーンズの神話は、人々が考えることとそれを言葉にすることとの区別がつかないかのように行動している時代を設定している。そこでは、内的出来事（思考）の概念は存在せず、したがって、内的出来事の存在も知られていない。このような人々をセラーズは、人間の心を行動の傾性（disposition）に還元できると一般に解釈されている説を述べたG・ライル（一九〇〇―七六）の名をとって、ライル的祖先と呼んでいる。

しかし、あるときその中から天才ジョーンズが現れて、人々の複雑な行動を観察していると、言葉を発していないときも見えない仕方で何かが人々の中で起こっていると考えねばならないと考え、心的出来事という理論的存在者を措定するのである。それは、物理学で、目に見える物質（たとえば石）のふるまいを説明するために目に見えない理論的存在者（たとえば素粒子）を措定することと同様の理論的営為である。ここで注目すべきなのは、ジョーンズは、理論的存在者を措定する際に、外的な言語行動と類似した性質をもつものとして、理論的存在者である心的出来事を措定した点である。簡潔に言うと、外言（outer speech）をモデルとして内言（inner speech）として心的出来事を考えたのである。したがって、心的出来事にかかわる志向性や、その内容についても、言語について考えられたことがそのまま適用できるのである。

この後、ジョーンズは、言語習得者である大人が子どもに言語を訓練するように、心的言語を用いて自己の内的出来事を語ることができるように訓練を重ねる。時を経て、訓練された人々は、子どもが規範に支配された行動という形で、推論抜きに言語を用いることができるようになるのと同じように、自らの心的状態について推論抜きに語ることができるようになる。この過程を経て、理論的言語であったものが、観察報告に使用される観察言語としての機能を果たすようになる。セラーズにとって、観察言語と理論言語の区別は、方法論的な区別でしかなく、なんら本質的な区別を示すものではないのである。

具体的な問題に実践的に対処する態度に裏づけられた動的な人間の生のヴィジョン

セラーズが所与の神話を否定したのちに代案として提出する像は、反基礎づけ主義的で可謬論的な立場である。また、そこでの探究の営みは、世界の中で生きかつ行動する人間の行動に着目しているため、取り上げられる問題は、具体的な問題であり、デカルトが行った不可疑の知識を求めての方法的懐疑、特に、常識を超えた途方もない懐疑などとは無縁である。セラーズは、この自らの立場をきわめて簡潔にまとめているので、次にその有名な一節を示す。

経験的知識は、その洗練された拡張物、すなわち科学と同様に、基礎を持つゆえにではなく、すべての主張を一度に危険にさらすことはできないが、いかなる主張をも危険にさらすことができるような自己矯正的企てであるゆえに、合理的なのである。（Sellars, 1997, p. 79〔邦訳、八八頁〕）

この世界の中でよりよい生を求めて行動する有限な人間にとって、絶対確実で不変な知などは存在せず、すべての知識・信念は、誤りであることが判明しうる可能性を秘めている。また、セラーズは、デューイ哲学との関連で、人間という有機体を環境に適応させるために必要な、規則に支配された行動の体系を発達させる試みとして科学を理解し、行動における規則性によって、世界の内に存在する規則性に適応できる、と述べている（Sellars, 1980, p. 152）。他者のみならず世界からのフィードバックをも受け止めながらわれわれがともに作っている言語共同体の、さまざまなレベルでの探求がなされている。このような経験を通じての世界からのフィードバックは経験論が含む真理を示すものである。

経験を重ねる中で行動を規制するさまざまな規範の体系が生まれる。規範にしたがって行動しつつ、他者や世界からの多様なフィードバックを考慮し、既存の規範の体系を適宜改編し、それらの内容をより豊かなものにすることこそがわれわれがなすべきことであり、紆余曲折を経ながら現実の歴史の中で行ってきたことである。セラーズの反基礎づけ主義と可謬論は、このような人間像の下に成立している。そこでは、具体的な問題に取り組み、行為の帰結に応じた規範の体系の調節改変を行うという、探求する人間の姿が明瞭に描かれている。Ｃ・ダーウィンの進化論に代表される、より新たな科学の発展を踏まえた古典的プラグマティストの人間観・探究観との共通性は明らかである。この動的な過程の中でその時々に懐疑を免れている暫定的な基盤による正当化は可能であり、その暫定的な基盤の選択はパターンに支配された行動の段階を含んだ全体論的な過程・考慮によるのである。このような動的全体主義的可謬論によって無限背進は止められるのである。

以上のように、二〇世紀の哲学に対する注目すべき貢献である「所与の神話」の否定の議論は、プラグマティックな視点に貫かれているのである。その視点は、セラーズが人間に関する「明白なイメージ」および「科学的イメージ」と呼んだ、人文科学的人間観と自然科学的人間観の対立の問題の解決にも見られる。セラーズは存在論においては、科学的実在論者として、人格の存在を否定するが、自然科学が示す世界が、何よりもそこで人間が生きかつ行動する世界、まさにわれわれの世界であることを確保するために、後の消去主義者のように、明白なイメージを放棄することを望まない。彼が最終的にめざしたものは、異なった目的のためにではあれ、二つのイメージがともに重要な役割を果たす、人間に関する立体的ヴィジョンなのである。ここにも、セラーズの人間の実践に焦点を当てるプラグマティックな姿勢の貫徹を見ることができよう。

［参考文献］

deVries, W. A., *Wilfrid Sellars*, McGill-Queen's University Press, 2005.
Misak, C. J., *The American Pragmatists*, Oxford University Press, 2013.
Putnam, H., *Words and Life*, ed. by J. Conant, Harvard University Press, 1994.
Sellars, W., *Science, Perception and Reality*, Routledge & Kegan Paul, 1963.（W・セラーズ『経験論と心の哲学』、

神野慧一郎・土屋純一・中才敏郎訳、勁草書房、二〇〇六年）

———, *Science and Metaphysics: Variations On Kantian Themes*, Routledge & Kegan Paul, 1968.

———, *Pure Pragmatics and Possible World: The Early Essays of Wilfrid Sellars*, ed. by J. Sicha, Ridgeview Publishing Company, 1980.

———, *Empiricism and the Philosophy of Mind: with an Introduction by Richard Rorty and a Study Guide by Robert Brandom*, Harvard University Press, 1997.（W・セラーズ『経験論と心の哲学』、浜野研三訳、岩波書店、二〇〇六年）

———, *In the Space of Reasons: Selected Essays of Wilfrid Sellars*, eds. by K. Scharp, R. Brandom, Harvard University Press, 2007.

第6章　ローティ

柳沼良太

1　ネオ・プラグマティズムの登場

リチャード・ローティ（Richard Rorty, 1931-2007）は、ネオ・プラグマティズムを掲げる現代アメリカの哲学者としてつとに有名である。彼はW・ジェイムズやJ・デューイのプラグマティズムを継承しつつ、諸々の哲学や文化について基礎づけられない思想状況を見据えて、言語哲学や解釈学の見地を取り入れながら、会話の継続を通した自己創造や社会的連帯をめざす「ポスト哲学文化」の創造を提唱している。

こうしたローティのネオ・プラグマティズムを理解するために、まず彼が西洋の近代哲学の伝統を徹底して批判する思想的立場を確認する。次に、ローティのネオ・プラグマティズムを「啓発的哲学」として特徴づける。第三に、ローティがネオ・プラグマティズムにおいて重視する「会話」の意義を検討する。以上から、ローティのネオ・プラグマティズムがどのような現代的意義をもち、また課題を抱えるかを見出したい。

2　形而上学を脱構築するネオ・プラグマティズム

ローティは近代哲学の伝統を一貫して批判的に考察する中でネオ・プラグマティズムの特徴を浮き彫りにしていく。ここで言う近代哲学の伝統とは、プラトンからカントへと至る哲学体系をもとに、普遍的で本質的な事柄について探究しようとする試みである。こうした哲学は、認識論を中心に据えた哲学の研究プログラムであり、具体的には超越論哲学、実在論、デカルト哲学、カント哲学、実証主義などが含まれている。こうした西洋哲学の主流をなしてきた一連の哲学を、ローティにならって「形而上学」と呼ぶことにしたい。ここでは、ローティがこうした形而上学を批判する思想的立場として歴史主義、反表象主義、反本質主義、反基礎づけ主義、反二元論を取り上げてみたい。

歴史主義

まずローティは、形而上学が真理を歴史の外部で認識しようとしてきた点を批判し、どのような事柄を認識する場合でも、常に特定の歴史的文脈の内部において認識するにすぎないと主張する。こうした思想的立場をローティは、「歴史主義（historicism）」と呼んでいる（Rorty, 1991, p. 38）。

歴史主義の立場では、人間の認識に対して超歴史的な普遍性を承認しない。たとえば、「心」や「哲学」の概念、さらには「真」「善」「美」の概念さえも常に特定の歴史的状況において形作られたものであり、具体的な歴史的文脈に即してその内容を捉えることになる。ある事柄に関する理解、行動様式、習慣、学問、社会制度に至るまで、人間にかかわる一切は、歴史的状況の中で生じているため、偶発的であり暫定的なのである。

反表象主義

次に、ローティは形而上学が実在を正確に表象することを標榜している点を批判し、表象の正確性を決定する方法などないと主張する（Rorty, 1991, p.1）。ローティはこうした見解を「反表象主義（anti-representationalism）」と呼んでいる。

言語によって把握されたどのような世界像も、他の世界像よりも正確に世界を表象する方法とは言えない。言語も人間が創り出したものであるため、どの言語で創られた世界像であっても歴史的文脈に依存した偶発的なものにすぎないからである。人間の認識も、常に特定の言語と不可分であるため、科学や道徳や政治であっても、決して時代性や地域性を超越したものではありえない。それらはすべて偶発的な歴史的語彙によって構成された暫定的な記述としての「物語（narrative）」なのである。

ローティは、「真理」を外的自然としての実在の非歴史的で正確な表象ではなく、その時々の文脈において適合性をもつ歴史的な社会的構築物であると見なす。その時々の文脈における認識とは、表象において実在を獲得していくことではなく、現実的に対処するための行動・習慣を獲得していくことなのである。こうしたローティの反表象主義は、伝統的な形而上学における認識論を根本から覆し、形而上学につきまとう認識の視覚的メタファー（特に鏡像のメタファー）を退けることになり、デューイのようにより現実的な問題解決に役立つ哲学（プラグマティズム）の道を拓いていったのである。

反本質主義

ローティは、伝統的な形而上学が主張してきた恒久的な絶対的真理、普遍的本質、あるいは普遍的な人間性を根本的に疑い、具体的な歴史的文脈を超越した真理や本質など存在しないと主張する。こうした見解をローティは「反本質主義（anti-essentialism）」と呼んでいる。

ローティは、真理や本質が歴史的状況から独立して客観的に存在し、人間に探究され発見されるのを待っているわけではないと考える。人間が探究できるのは、ある時ある状況の下で成立する偶発的で暫定的な事象だけである。いかなる観念でも、その意味内容は、ある特定の人間がある特定の歴史的文脈において、その観念に与えた意味内容にすぎない。真理や本質として把握されるものが、必ずこうした何らかの観念から構成されている以上、その真理や本質もまた、特定の人々にとって特定の時に特定の場所でうまく働いてきたものにすぎないことになる（Rorty, 1982, p. 163〔邦訳、三六四頁〕）。

ローティにとって真理や本質とは、ジェイムズの言う「役立つもの、有益なもの、信じた方がよいもの」、あるいはデューイの言う「保証つきの言明可能性」にかかわるものである。こうした反本質主義の立場では、絶対的真理や普遍的本質に縛られることなく、人間の文化について時代に応じた新しい語り方を創造することができるようになるのである。

反基礎づけ主義

ローティは、形而上学がさまざまな哲学や文化を横断する知的基盤を形成し、普遍的で絶対的な真理によって基礎づけようとする点を批判し、諸哲学や文化を基礎づける確固たる普遍的な知的基盤などは存在しないと主張する。こうした見解をローティは「反基礎づけ主義（anti-foundationalism）」と呼んでいる。

それに対して、ローティは、人間の文化にかかわるものが、その時々の歴史的状況に相対的であるため、文化的・歴史的な世界を横断した普遍的基盤など存在しないと考える。

たとえば、ある共同体はその共同体に特有のエートス（倫理的な心的態度）を有しているのに対して、別の共同体は別のエートスを有しているというのが通例である。こうした相異なる共同体や文化圏の間には、共通の基盤としての普遍的な真理基準など存在しない（Rorty, 1989, p. 75〔邦訳、一五七頁〕）。

このようにローティは、普遍的な真理や本質の概念の正統性を否定するとともに、それに関連した特権的な語彙をも退け、そうしたものに訴えて共通の普遍的基盤を形成しようとする試み自体を棄却するのである。

反二元論

ローティは、形而上学が「精神」と「物体」、「善」と「悪」、「実在」と「現象」、「永続的構造」と「一過的内容」などと二元論を設定することに反対し、その解消を試みる。こうした見解をローティは「反二元論（anti-dualism）」と呼んでいる。

ローティは、「実在」と「現象」との二元論的な区別をやめて、世界と人間に関する「よりよい記述」と「あまりよくない記述」との区別に置き換えようとする（Rorty, 1999, p. 27〔邦訳、八五頁〕）。その際、どのような基準に基づけば記述が「よりよい」ものであるのかを追究しようとする形而上学的な試みを退ける。その代わり、プラグマティズムの見地から、われわれがよいと見なすものを多く含み、悪いと見なすものをより少なく含んでいるという意味で「よりよい」と判断するのである。

また、ローティは、形而上学における「永続的構造」と「一過的内容」との二元論的な区別を、過去と未来との区別に置き換えようとする。形而上学は「永続的構造」をもち出すことによって過去の習慣や伝統を正当化するという発想をする。それに対して、プラグマティズムは、現にある不満足な状況をより満足のいく可能な未来に変えていこうとするのである。

3　啓発的哲学としてのプラグマティズム

啓発的哲学と体系的哲学

ローティはネオ・プラグマティズムの役割として「啓発（edification）」を重視している。ローティのネオ・プラグマティズムは、解釈学的転回を遂げて「啓発的哲学（edifying philosophy）」になることで、前述した形而上学に代表される「体系的哲学」から差異化を図るのである。

啓発的哲学は、普遍的な真・善・美の体系を万人に共有させようとする企てを放棄し、特定の文脈の中で個々人が互いに共通の関心事について自由に見解を取り交わす会話を続けることによって多様な価値を創造しようとする。ローティによれば、啓発的哲学とは、「現在の直観や慣習に根拠を提供することではなく、読者あるいは社会全体が時代遅れの語彙や態度から解放される手助けをすることを目指す」（Rorty, 1979, p. 12〔邦訳、三〇頁〕）。

こうした啓発的哲学は、体系的哲学との対比においてより明確に特徴づけられる。体系的哲学は、実在の正確な表象とか、ものごとの究極的本質や普遍的原理といった問題を探究しようとする。そのため、体系的哲学は、現実の社会問題からはかけ離れて、きわめて抽象的な次元において人類の永遠の謎に取り組むようになり、他の文化領域との接点がなくなっていく。

これに対して、啓発的哲学は、体系的哲学に対して変則的であると同時に反抗的である。たとえば、体系的哲学が一連の特権化された記述体系の具現化をたてに、会話を打ち切ろうとするのに対して、啓発的哲学はそれに異議申し立てをする。このように啓発的哲学は、「究極的なもの（the ultimate)」や実在の本質を解明しようとする企てに対して疑念を抱き、哲学の伝統をなす「壮大な物語（grand narratives)」に対して反旗をひるがえす。

啓発と治療的哲学

ローティの啓発的哲学は、「より興味深く実り豊かで優れた新しい語り方」（Rorty, 1979, p. 360〔邦訳、四二〇頁〕）を見出そうとする。啓発的哲学に求められているのは、変則的（abnormal）であることであり、われわれを古い自我から連れ出し、新しい存在となるのに力を与えることである。つまり、啓発的哲学は、新しい語彙や語り方を創造して、社会的な常識や因習を打破したり、新しい行動様式を構想したりすることに貢献するのである。新しいより改善された知的で実り豊かな語り方を見出すことをめざす啓発的哲学は、既存の知識や原理・原則を懐疑して、よりよい語り方や生き方を探求し続けようとするソクラテス的な対話（会話）に近づいていく。

こうしたローティの啓発的哲学は、「治療的哲学（therapeutic philosophy）」でもある。ここで言う「治療的哲学」とは、日常言語の働きや論理を見誤ることから生じた哲学の病を治療しようとする営みである。そこでは単なる観念的な議論をめざすのではなく、人間や社会に係る事柄で言語の働きや論理を見誤ることから生じた哲学的な諸問題（病）を解決することをめざすのである。このようにローティの啓発的哲学は、新しい語り方を提供して自他を啓発して人間形成に深く貢献するとともに、人間や社会が実際に抱えているさまざまな問題（病）を解決（治療）するために有用にもなるのである。

啓発的哲学を特徴づけるアイロニー

ローティの言う啓発的哲学は、F・ニーチェやM・フーコーの哲学を多分に取り込んで、私的な要素の強い自己創造を重視してもいる（Rorty, 1989, p. 73〔邦訳、一五四頁〕）。そこで啓発的哲学を特徴づけるのは、「アイロニー（irony）」である。

このアイロニーは、ニヒリズムやシニシズムに結びつくような、一般的な意味での皮肉や嘲りを意味するものではない。ローティの言うアイロニーとは、公私の深刻な現実の問題に取り組む際に既存の価値基準をソクラテス的な懐疑にさらし、日常的に了解されている世界のあり方や根本的な原理・原則を疑ってみることで、新たな価値や希望を創造し、積極的に解決をもたらそうとするものである。こうしたアイロニーによって、人間は自分を記述するための言語が変化しうるものであり、自分が受け入れる「終極の語彙（final vocabulary）」の偶然性と脆弱さを自覚するようになる。

アイロニーは、深刻な内省や自己批判を促すと同時に、人生を一連の意味ある選択として説明するためのメタファーとしても働く。ローティの言うアイロニーは、真面目で論理的な探究の中に軽妙で創造的な要素を取り入れ、ものごとを詩的に想像する能力や社会を批判的に捉える能力を育み、新たな自己創造を促すとともに、社会変革の構想へと人間を導いていく。こうしたアイロニーは、自己創造や社会変革にはつきものの偶発性や不確実性にも対応できる柔軟さを多分に備えているのである。

アイロニストとしての哲学者

ローティは、アイロニーによって人間存在に関する普遍的原理や究極的本質を相対化し、信念や欲求の歴史的偶然性を受け入れようとする人を「アイロニスト」と呼ぶ。こうしたアイロニストをローティは次のように特徴づけている（Rory, 1989, p. 73〔邦訳、一五四頁〕）。

まず、アイロニストは自分が今現在使っている「終極の語彙」を徹底的に疑い、絶えず疑問に思っている。現在通用している語彙も、決して普遍性や絶対性を有するものではなく、歴史的な偶然性を免れないものだからである。

次に、アイロニストは自分が今現在使っている語彙で形作られた論議が、こうした疑念を解消することができないとわかっている。なぜなら、歴史的な偶然性を免れない語彙で形作られた論議は、疑念を除去するために普遍的原理を標榜することができないからである。

さらに、アイロニストは哲学的に思考する限り、自分の語彙の方が他の語彙よりも実在に近いとは考えない。ここでは中立性や普遍性を基準に語彙を選択するのではなく、新しい語彙を古い語彙と競わせることによって語彙の選択を行うのである。

以上のようにアイロニストは、普遍的原理や究極的本質を疑うだけでなく、自己の偶然性と脆さをも常に意識しているため、自分自身を生真面目に受け取ることができないのである。

4　会話とプラグマティズム

哲学の終焉と新たな希望

これまで指摘してきたように、ローティは伝統的な形而上学や体系的な哲学を徹底して批判している。伝統的な哲学では、主観と客観的対象との対面において絶対的で普遍的な真理を探究してきた。それに対して、ローティのネオ・プラグマティズムでは、歴史的な文脈に根ざした人間同士の絶えざる「会話（conversation）」を重視している。つまり、人間同士が会話において繰り広げる柔軟で偶発的な言語活動の中に哲学の新たな希望を見出そうとしているのである。

こうした会話を成り立たせるために、ローティは哲学的議論のテーマを「人間とその探究対象との関係」から「相互に代替可能な諸々の正当化の基準間の関係」へと移行させている（Rorty, 1979, p. 389〔邦訳、四五〇頁〕）。

会話の意義

ローティは、人間がさまざまな選択肢の長所や短所を吟味したり、実践がもたらす結果について検討したりする会話を通して、より広汎な合意を伴う生活様式や行為様式を選択し、共同体の連帯を拡張することができると考える。探究の方法論的な制約を根本的に認めないローティは、会話を続けることにおいてさまざまな選択肢を検討し、より広範な合意が形成されることを求めている（Rorty, 1991, p. 67）。このような役割を担う会話は、科学的な実験という形をとることもあれば、文学についての議論という形や、理想的な社会についての協働探究という形をとることもある。

こうした会話を重視する立場は、自ずとある種の社会的義務に関する考察と結びつく。ローティによれば、人々は共同体の構成員として、さまざまな行為が社会的にどのような有意義な結果をもたらすかということを見定めるために、相互に議論したり、相手の発言に耳を傾けたり、仲間の市民と協働探究を行ったりする社会的義務を負う。この社会的義務との関連で、われわれは互いの世界観について話し合い、強制ではなく説得を用い、多様性に寛容になり、自らが誤りうることを自覚する義務も生じてくる。

このように会話は、多くの人々との交流を実現するために、「われわれ」の範囲を拡大することになる。こうした会話の働きは、調和的な将来の社会を実現する可能性を拓き、「惑星的規模の民主主義」のイメージを掲げて、「豊かで強い者が貧しく弱い者を虐待しようとすることに対して絶えざる警戒」を行う政治的活動にも発展する。このようにローティのネオ・プラグマティズムは、オープンで寛容な態度で他者との会話を継続することによって社会変革の可能性を探るのである。

探究と会話

ローティの重視する会話は、そもそも話し手のさまざまな見解を統一するような専門母型（disciplinary matrix）を前提とするものではない。しかし、それでもこうした会話を続けていけば、いつかは話し手同士の見解が一致するかもしれないという希望をもち続けている。ローティによれば、「会話的なものを除いては、探究を制約するものはない」のであり、対象や精神や言語の性質から引き出される全般的な制約などない（Rorty, 1982, p. 165〔邦訳、三六七頁〕）。ネオ・プラグマティズムの立場では、探究の方法論的制約を求める試みを放棄して、多様な見解が自由に交流する会話の継続自体を重視するのである。

ネオ・プラグマティズムにおいて特定の探究方法が有する価値は、その探究方法が実践にどのような結果をもたらしたかに関連する。そのため、唯一にして最善の探究方法を実践への効果から離れて決定することはできないのである。

ローティにとって探究の様式とは、科学的であろうと文学的、道徳的、政治的であろうと、多様で具体的な選択肢の有する相対的な魅力に関する熟慮なのである。それゆえ、ネオ・プラグマティズムは、具体的な文脈における実践にどのような効果をもたらすかということに関して、さまざまな選択肢の優劣をめぐって取り交わされる会話を重視することになるのである。

5　ネオ・プラグマティズムの意義と課題

以上、ローティのネオ・プラグマティズムの特徴を概観してきた。形而上学に特徴づけられる近代哲学の伝統を根本的に批判し、「哲学の終焉」を宣告する彼のプラグマティズムは、時に過激で厳しいものに見える。しかし、そうした新しいプラグマティズムだからこそ、ポスト哲学的文化においても人々を啓発し続け、新しい語り方を見出し、会話の継続を保証し、よりオープンで寛容な民主主義社会を築くための布石となり、社会的連帯を導く希望にもつながっていくのである。

このようにローティはプラグマティズムの立場から西洋の伝統的な形而上学を批判していったわけだが、それで形而上学の信奉者たちを納得させることができるとは思っていない（Rorty, 1982, p. xliii〔邦訳、六二頁〕）。プラグマティストとその敵対者との間の論争を、双方が同意できる真理基準に従って解決する方法などもともとないため、プラグマティズムと形而上学との間の哲学論争に決着をつけるための決定的な論証を提示することは難しい。その上で、ローティが形而上学とプラグマティズムとの問題構制の違いを見据え、従来の哲学的伝統を脱構築したネオ・プラグマティズムの可能性を提示しているのである。

こうしたローティのネオ・プラグマティズムに対しては、ジェイムズやデューイらに代表される古典的なプラグマティズムの経験主義的な傾向が失われているという批判もある。確かに、ポストモダンの洗礼を受けて、言語論的転回を遂げたローティのネオ・プラグマティズムは、ジェイムズやデューイのプラグマティズムに含まれる経験主義的な傾向を批判し、言語哲学や解釈学の傾向を強めている。しかし、それにもかかわらずローティのネオ・プラグマティズムは、形而上学的な哲学の伝統を歴史主義や反基礎づけ主義などの立場から脱構築し、方法論的な制約のない会話を継続することによってアイロニカルな自己創造とリベラルな社会連帯を架橋する哲学を再構築している点で、確かにジェイムズやデューイの伝統を引き継いでいるのである。

［参考文献］

柳沼良太『ローティの教育論――ネオ・プラグマティズムからの提言』、八千代出版、二〇〇八年。
Rorty, R., *Philosophy and the Mirror of Nature*, Princeton University Press, 1979.（R・ローティ『哲学と自然の鏡』、野家啓一監訳、産業図書、一九九三年）
――, *Consequences of Pragmatism: Essays: 1972-1980*, University of Minnesota Press, 1982.（R・ローティ『哲学の脱構築――プラグマティズムの帰結』、室井尚他訳、御茶の水書房、一九八五年）
――, *Contingency, Irony, and Solidarity*, Cambridge University Press, 1989.（R・ローティ『偶然性・アイロニー・連帯――リベラル・ユートピアの可能性』、齋藤純一・山岡龍一・大川正彦訳、岩波書店、二〇〇〇年）
――, *Objectivity, Relativism and Truth*, Philosophical Papers Vol. 1, Cambridge University Press, 1991.
――, *Philosophy and Social Hope*, Penguin Books, 1999.（R・ローティ『リベラル・ユートピアという希望』、須藤訓任／渡辺啓真訳、岩波書店、二〇〇二年）

第7章　デイヴィドソン

高頭直樹

1　デイヴィドソンはプラグマティストか？

その業績と影響

ドナルド・デイヴィドソン（Donald Herbert Davidson, 1917–2003）は二〇世紀後半の哲学研究を、ハーヴァード大学での師、W・V・O・クワインとともに牽引したアメリカを代表する哲学者である。その研究対象は多岐にわたり、現代の哲学議論に及ぼした影響はきわめて大きい。その主要な関心は二〇世紀に公刊された二つの論集のタイトル『行為と出来事（*Essays on Actions and Events*）』（一九八〇年）、『真理と解釈（*Inquiries into Truth and Interpretation*）』（一九八四年）が簡潔に物語っていると言えよう（その後、死後に公刊されたものを加え、彼の論集は現在までに、五編を数えている）。いわゆる、行為論、意味論、言語解釈の問題などである。しかし、彼の著作は、そのほとんどすべてが専門的研究者を対象とした研究誌に論文として発表されたものであり、その内容を理解するにはかなりの専門的予備知識が必要とされる。そのため、彼の議論は専門研究者以外の人々にとっては、なかなか近寄り難いものが多いため、実際に触れることはそう容易ではないかもしれない。しかし幸いにほとんどの刊行物には邦訳があり、訳文を通して彼の議論に触れることは可能である（邦訳一覧は章末に記した。引用は邦訳を参考にしているが、筆者が別途訳しており、引用ページは原著による）。

「プラグマティスト」としてのデイヴィドソン

このデイヴィドソンの名をプラグマティストの一員としてここに挙げることが果たして妥当かどうか、少なくとも本人からすれば、意に沿ったものではないようだ。実際デイヴィドソン自身、イタリアの哲学者G・ボラッドリ（一九六二―）の問い、「あなたは自分をプラグマティストと考えますか」に対し、明確に「ノー」と答えておりそうした扱いには繰り返し異を唱えてきた（Borradori, 1994）。彼によれば少なくとも、古典的プラグマティストに特に関心を寄せたことはないし彼らの著作を熱心に読んだこともないようである（ハーヴァードの恩師にあたるクワイン、さらにC・I・ルイスは別として）。しかし、近年、いわゆる「広義のプラグマティズム」という観点から見ると、本人の考えはさておき、デイヴィドソンをプラグマティストと捉えることが、決して理由のないわけではないとする指摘がされるようになっている。実際後年、彼自身も「プラグマティスト」と区分されることをかなり容認、少なくとも黙認するようになっていたことも事実である。

本章では、彼の多岐にわたる議論の中から、「プラグマティズム」の議論との関係で取り上げられる代表的な議論を紹介することにする。

2 「根元的解釈」とプラグマティズム

「根元的解釈」と「根元的翻訳」

デイヴィドソンは多くの刺激的論点を提起し、その後の活発な議論を引き起こしてきた。その中でも、彼の主要な研究テーマであり、以後のプラグマティストたちも注目した議論の一つに、言語解釈をめぐる「根元的解釈」と呼ばれる議論がある。彼の代表的論文のタイトルにもなっている「根元的解釈」は彼の言語論、意味論の特徴をよく表している。

「根元的解釈（radical interpretation）」はクワインの「根元的翻訳（radical translation）」（第4章3節のように「根底的翻訳」との訳語もある）という用語にならったものであるが、「解釈」と「翻訳」の違いが示すように、二人の関心は異なっている。クワインがまったく知らない言語の翻訳を問題の中心に据えて議論したのに対し、デイヴィドソンは異言語間、同一言語間の違いには関係なく、言語一般の表す意味、その理解についての根本的理論の解明に焦点を当てたのである。その解明のための基本原理、言語一般の理解の基本的な態度として導入したものが、クワインも使った「善意理解の原理」（チャリティーの原理）と呼ばれる原理である。その原理とは簡潔に言えば「文に向けられ、文を重要な概念である真として受け入れる態度」である。こうしたデイヴィドソンの主張の根底には、意味の公共性という考えがある。

「チャリティーの原理」

デイヴィドソンは、「人間の発話というものは、話者が信じていること（さらに意図していること、また欲していること）について、十分理解している者以外によって解釈されることはありえない」と主張する。「発話が理解されなければ、それぞれの信念の間に正確な違いを見出すことは不可能である」とも指摘するのである。そして他者の発話を理解する前提であり、基盤となるものこそ、この「チャリティーの原理」だと言うのである。デイヴィドソンはこのチャリティー（善意の対応）は、選択できるようなものではなく、実効的理論をもつための条件であるという。そして「われわれがそれを認めることによって、集団的な誤りに陥るかもしれないなどと、指摘することは意味のない」ことであって、「われわれが、真と考えられる文と他の真と考えられる文の体系的な相互関連を確立し得て、はじめて誤りを犯す可能性も生じるのである」とも指摘する。それゆえに「チャリティーは、われわれがそれを好もうと好むまいと、われわれに強要されるものなのだ。もしも、他者を理解したいというのであれば、われわれは彼らをほとんどの場合において正しいと考えなければならない」と強調し、この原理がコミュニケーションを可能にするために不可欠な前提であると、強く主張するのである（Davidson, 1984, p. 129）。

デイヴィドソンにおける「コミュニケーション」

ここからもわかるようにデイヴィドソンにおいては、言語理解にとって「コミュニケーション」が重要な地位を占めるのである。この辺の事情を彼は別の論文「理性的動物（*Rational Animals*）」で次のように、その重要性を簡潔に述べている。

他人の発話を理解するためには、私は彼女が考えることと同じことを考えることができなければならない。私は彼女の世界を共有しなければならないのである。私はすべての事柄において彼女に同意する必要はない。しかし同意しないためにも、われわれは、同じ主題、さらに同じ真の概念で、同じ命題を考えなければならない。コミュニケーションは共有された世界の概念、すなわち間主観的世界をもち、相手もまたもっていることを正しく考えられる、それぞれの対話当事者（コミュニケーター）に依拠する。しかし間主観的世界とは、当事者がそれについて信念をもつことのできる、客観的世界の概念である。（Davidson, 2001, p. 105）

要するに、デイヴィドソンは言語理解を「解釈者」「話者」さらに「客観的世界」三者の間の関係において成り立つものと主張するのである。この関係はデイヴィドソンの議論のさまざまな場面で重要な意味をもつことにもなる。そしてこうした議論の中にプラグマティズムとの近親性、あるいは相違性、たとえばコミュニケーション、客観性など、さまざまな議論、解釈を生む種をも内包していると言えるのである。

3　ローティのデイヴィドソン解釈

ローティとデイヴィドソン

デイヴィドソンを、おそらく最初にプラグマティズムの系譜に組み込み、さらに彼を「もっとも優れたプラグマティスト」と称賛したのは、よく知られているように、R・ローティである。

ローティはデイヴィドソンが「経験主義の第三のドグマ」と呼ぶ、論文「概念枠という考えそのものについて」（『真理と解釈』所収）で展開した「概念枠と内容」の二元論批判を高く評価する。われわれがもっぱら知覚を通して獲得する経験内容とそれを構成組織化する概念枠、言語という、カントを代表とする近代認識論の構図に対するデイヴィドソンの批判は、ローティが繰り返し論駁してきた、われわれから独立した外部世界（実在）とそれを組織化する「精神」あるいは言語、すなわち「経験を構成するもの」と「構成されるもの」という、伝統的哲学を支える二元論的基本構造への批判と方向を一にすると考えられたのである。こうした理解に基づきローティは、デイヴィドソンの議論を、この哲学的伝統を打破しようとする彼自身の理解する「プラグマティズムの試みの中でも最高の今日的表現である」と評価したのである。

デイヴィドソンの「反相対主義」

ところで、デイヴィドソンが「第三のドグマ」すなわち、「第三の、そしておそらく最後の、というのも、もしこれが放棄されれば経験主義と呼ぶべき、はっきりとした何ものかが残されていることは明確ではなくなる」というこの「第三のドグマ」は、クワインの「経験主義の二つのドグマ」を意識したものである。デイヴィドソンは、クワインの指摘した「二つのドグマ」、すなわち分析的‐総合的という区分、さらに還元主義（第4章参照）をさらに徹底することにより、クワインさえ依然その残滓《し》をもち続けているデカルト以来の「二元論」を克服しようとしたものと理解される。そしてデイヴィドソンが、この議論で特に念頭に置いたのは、T・S・クーン（一九二二—九六）、P・ファイアーベント（一九二四—九四）を代表とする、相対主義的な認識論であった。こうした相対主義は、この二元論に基づいてはじめて成立するとデイヴィドソンは指摘する。すなわち「こうした二元論なしにはわれわれの概念的相対主義に意味を与えることはできない」のである。確かにデイヴィドソンはここでは二元論の背景にある客観的実在については否定的のように思われるがかなり慎重である。続いて「このことは、われわれのそれ〔客観的世界〕についての知識からは独立している客観世界という考えを放棄しなければならないということを意味しているのではない」とも言うのである。その結果、ローティの高い評価にもかかわらず、デイヴィドソンは自分の議論とプラグマティズムの関係については、きわめて冷ややかに述べている。確かに、自分の主張が伝統的二元論の放棄を主張しているとしても、だからと言って、自分がプラグマティストであるということにはならないと、明確にプラグマティズムとの関係を否定するのである。デイヴィドソンの見解では、プラグマティズムは、超越論的観念論、内在的実在論とならんで、「私が攻撃する経験論と同様、理解困難と思われる相対主義の一形式なのである」というのである（Davidson, 1984, p. xviii）。

デイヴィドソンのローティ批判

ただ一つ注意しておくべき問題は、ここでデイヴィドソンが「プラグマティズム」と想定しているものは、あくまでローティの「プラグマティズム」だという点である。先に触れたように、デイヴィドソン自身「プラグマティズム」に強い関心をもっていたわけではなかったし、プラグマティズムについて十分な知識をもっていたわけでもないであろう。ここでの反論は、ローティの自分への評価にとまどいながら、ローティとの違いを指摘することに関心があったということであろう。後年デューイ記念講座を担当した際には、言語理解についてデューイと自分との類似点、相違点にも触れており、死後に公刊された『真理と述定』もデューイへの言及から始めている。

いずれにしろ、ローティはデイヴィドソンの「第三のドグマ」の議論を、彼自身が『哲学と自然の鏡』や『プラグマティズムの帰結』以来一貫して行ってきたプラグマティズム評価の核心ともなる、いわゆる真理に関する対応説批判、あるいはギリシア以来の「実在－仮像」の区分を前提とする知識論を否定する「反表象主義」へとつながる典型的議論だと考えるのである。そしてローティは、デイヴィドソンの真理論がプラグマティズムの真理論と多くの特徴を共有する点を指摘するのである。

4　「真理」をめぐるローティとデイヴィドソン

ローティとデイヴィドソンの真理論

ローティは「プラグマティズム・デイヴィドソン・真理」（『連帯と自由の哲学』所収）の中でデイヴィドソンの「真理と知識の整合説」（『主観的、間主観的、客観的』所収）の議論を取り上げ、デイヴィドソンの真理論の特徴を挙げている。その中でも、彼は「引用解除的用法」（たとえば、「『雪は白い』が真であるのは、雪が白いとき、そしてそのときに限る」というタルスキに基づく「真」の「定義」）と「注意喚起的用法」に注目しているものと思われる。それでは、ローティはなぜこうした点に注目したのであろうか。

「プラグマティズム・デイヴィドソン・真理」でのローティのデイヴィドソン解釈の要点は次のようになるだろう。第一点は、デイヴィドソンは、依然「対応説」にこだわっているかのように見える（デイヴィドソンが少なくとも初期の段階では認めていると考えられる）が、デイヴィドソン自身の議論から導かれる立場は、ローティと同様の「反対応説」だという点である。そして、デイヴィドソンとプラグマティズムの真理論が共有する特徴として、「真理」が説明的用法をもってはおらず、引用解除的用法、命令的用法、および注意喚起的用法をもっている点を挙げたのである（ただし、後年の論文「真理は探究の最終目的か」〔Rorty, 1998〕では、この「説明的用法をもたない」という解釈は、誤解を生みやすいとして撤回している）。それぞれの特徴についてのローティの議論は、かなり難解でそれなりの予備知識が必要になるが、比較的容易な論点の概略を示しておこう。

ローティのデイヴィドソン解釈

ローティは、彼の反本質主義の立場から、真理を実在の表象と考える「対応説」を認めない。これがローティの哲学批判の中心的主張でもある。またデイヴィドソン自身も、「真理とは実在（世界のあり方）との対応である」とする伝統的真理論における「対応説」の立場をとるわけではない。彼の論文「真理と知識の整合説（*A Conherence*）」（一九八三年に初公刊）はまさにそうした伝統的「対応説」の批判を目的としたもので、伝統的対応説に代わるデイヴィドソン自身の主張を「突合せなき対応説」と表現し、彼の「知識論」のスローガンとしたのである。先にも指摘したように、デイヴィドソン自身、初期の段階では対応説と理解されかねない議論を展開していたし（自身でも認めているが）、また彼が頻繁に援用するタルスキの「真理の定義」の解釈も、対応説を前提にしているように受け取られる傾向があった。彼はこの点については晩年明確に否定し、反対応説の真理論を展開するようになる。デイヴィドソンは対応説と受け取られていた点についてはローティの批判を率直に受け入れてその用語の不適切さを認め、いわば自説の「撤回」を表明してもいる。また整合説に対しても、デイヴィドソンは、それが真理を整合した信念の体系と結びつけることによって規定する、いわば認識論的真理論である点を指摘し、主観主義、体系相対的真理論に陥る危険性から批判的立場をとったのである（Davidson, 1990 を参照）。

「デフレ主義」としてのデイヴィドソン理解

つぎに、ローティがデイヴィドソンの特徴として挙げている「引用解除」（時に「対応説」を想起させる）は、ローティの立場からどのように理解されたのであろうか。ローティはデイヴィドソンを「デフレ主義」（deflationism）に属するものと考える。「デフレ主義」とは、真理を「本質的にトリヴィアルなもので、それが受けている ほど形而上学的注目に値する重要な概念ではない」（Davidson, 2000）、言い換えれば「真理」は導入する必要のない概念だとする立場である。いろいろな形態をとる「デフレ主義」の中では、余剰（redundant）理論と呼ばれるF・ラムジーの議論がよく知られている。すなわち、その議論によれば、「シーザーが暗殺されたのは真理である」という文の中の「真理である」はちょうど二重否定のように機能し、ただ単に「シーザーが暗殺された」ということを導くだけで、「真である」ということによって何か新しいことがつけ加えられているわけではないということになるのである。Ｐ・

ホリッチ（一九四七―　）によれば、タルスキの真理の議論で知られる「『雪は白い』が真であるのは、雪が白いとき、またそのときに限る」も「引用解除」に区分されることになる（Horwich, 1990）。そしてローティは、デイヴィドソンがタルスキの真理論を堅持し、この「引用解除」を真理論で強調していることから、デイヴィドソンを「デフレ主義」者と見なしたのである。

要するに、ローティは「真である」という述語は引用符を解除することによって排除されうるのであり、「真」は文の性質を示すために加えられる述語ではないと主張することになる。それゆえ、その意味では「真」そのものが何かを説明する役割を担っているわけではないと考えられるのである（この点については、デイヴィドソンが「真」は説明的概念であると繰り返し主張し、ローティがこの解釈を撤回したのは先に述べた通りである）。

5　プラグマティズムの「真理論」とデイヴィドソンの「真理」

「プラグマティスト」としてのデイヴィドソン

ローティは、デイヴィドソンの真理論をデフレ主義に分類した。この主張に沿えば、デイヴィドソンの真理に関する議論は、「真理論を提示しない」プラグマティズムの立場に立つ主張に他ならない、とローティは考える。ローティにとって、デイヴィドソンの「概念枠－内容」の二元論の批判は、「実在」を前提とした「表象主義」批判の究極的議論であると受け取られた。ローティは、プラグマティズムの中心にある主張はまさに、このギリシア以来の二元論、実在とその表象への批判にあると考える。それゆえに、デイヴィドソンはローティの考えるプラグマティズムの伝統の中で、現在もっとも重要な人物と位置づけられたのである。ローティにとって、プラグマティズムの「真理論」は、こうした伝統的二元論を否定する典型的議論でもあった。実在との対応を前提とする「対応説」「整合説」に対し、ローティは、対応すべき「元」の存在を否定する。それに代わり、ローティは、デューイやウィトゲンシュタインを代表とする、「使用」、すなわち言語の社会での使われ方こそが、言語の本質を明らかにしてくれるとする言語使用説を主張する。デイヴィドソンも、タルスキの真理の理論の欠陥は言語の使用者との関係を欠いている点にあることを指摘し、「真理の概念のいかなる完全な説明も現実の言語的な交わりと関係づけられていなければならない」と述べており（Davidson, 1990）、この点では確かにローティに近い考えを示している。

一方、デイヴィドソンは使用説に常に付きまとう「相対主義」的側面には、強い警戒心をもっている。それゆえにデイヴィドソンはローティのプラグマティズムの真理論で言及される、ジェイムズ、デューイの真理説の、真理＝「保証つきの言明可能性」を拒絶するのである。デイヴィドソンにとって「真である」ことは、「正当化されている」ことや、「主張可能である」こととは違うのである。

ここでの議論は、ローティがデイヴィドソンの特徴の一つとして挙げた「注意喚起的用法」が関係するであろう。すなわちローティの解釈によればこの用法は「Sは完全に正当化されるがしかし真ではないかもしれない」という信念に表れる「真」である。なぜなら「正当化とはSの根拠としてもち出される信念に相対的であり、またその程度のものであり、この正当化は、われわれがSを「行為のルール」

とすれば、ものごとがうまくいくであろうと言う何の保証でもない」という用法になる。デイヴィドソンがここで「正当化」と区分した「真理」は、ローティの解釈によれば一種の可謬性と理解できるという。要するにデイヴィドソンのこの議論は、まさにプラグマティズムの典型的特徴である可謬性そのものであり、それゆえにデイヴィドソンは間違いなくプラグマティズムに組み込むことができるとローティは考えたのである。

デイヴィドソンの懐疑

デイヴィドソンは、このような解釈を受け入れているわけではない。むしろ彼は、真理という概念は排除したり、他の概念に還元されたりできる概念ではないと強調する。デイヴィドソンは、ローティや、いわゆるプラグマティストが指摘する問題を、「なぜ真理という概念が哲学にとって特に重要なテーマなのか」という問いであると考える。ローティは、デューイやジェイムズ、さらにニーチェやフーコーなどと同様に「真理などなくとも十分やっていける」と主張しているとデイヴィドソンは考えるのである。しかし、デイヴィドソンは、このような主張を単に「誤っているというより空疎」なものだと反論する。デイヴィドソンは、むしろ「真理、知識、信念、行為、原因、善なるもの、悪なるもの、のような、哲学者が注目すべく抽出した概念は、ほとんどにおいてそれなくしてわれわれは何の概念ももちえなく（と私は言いたくなるのだが）なるような、もっとも基本的な概念である。なぜわれわれはこのような概念が、定義上でもっと単純で明確でもっと基本的な概念に還元されることを期待しなければならないのだろうか」と指摘する。そしてこれはまさに「真理」について、とりわけ当てはまる事実だと言うのである（Davidson, 1996）。すなわち、デイヴィドソンは「真理」が他の概念に還元されることのない原初的概念（プリミティブ）だと考えているのである。

デイヴィドソン解釈の可能性

実際デイヴィドソンは、多くの点でローティの解釈に戸惑いを隠せない。ローティもまた、自分自身の解釈が、必ずしもデイヴィドソンの議論を正確に解釈したものでないことを認めもしている。彼は「デイヴィドソンの教説を彼自身が進んではいない方向に……また彼が進もうとも欲しないであろう方向に進め、またそこから推定している。……しかし私は、デイヴィドソンがそのような推定に共感するか、しないかは重要とは考えていない」（Saatkamp, 1995）とも述べているのである。

このようなことから考えれば、ローティの関心はあくまで、デイヴィドソンの議論を借りた自らのプラグマティズム解釈の披瀝にあると考えるべきかもしれないし、彼のプラグマティズム解釈が「プラグマティズム」を正当に評価したものと言えるのかも問題であろう。実際デイヴィドソンが警戒した、ローティの相対主義的解釈に対し、近年「ニュープラグマティスト」「リビジョニスト」と呼ばれる、新たなプラグマティズム解釈が活発な議論を提起している。簡潔に言えば、この立場は、ローティの極端な主観主義、真理概念の「連帯」「合意」への還元主義的論調への、修正を加えた解釈と言えよう。デイヴィドソンの議論は、こうした、新たなプラグマティズムの立場からも、再解釈される段階に入ったと言えよう。

[参考文献]

（邦訳のあるデイヴィドソンの主要著作）

D・デイヴィドソン『行為と出来事』、服部裕幸・柴田正良訳、勁草書房、一九九〇年。（Davidson, D., *Essays on Actions and Events*, Clarendon Press, 1980.）

――『真理と解釈』、野本和幸他訳、勁草書房、一九九一年。（Davidson, D., *Inquiries into Truth and Interpretation*, Clarendon Press, 1984.）

――『主観的、間主観的、客観的』、清塚邦彦・柏端達也・篠原成彦訳、春秋社、二〇〇七年。（Davidson, D., *Subjective, Intersubjective, Objective*, Clarendon Press, 2001.）

――『合理性の諸問題』、金杉武司他訳、春秋社、二〇〇七年。（Davidson, D., *Problems of Rationality*, Clarendon Press, 2004.）

――『真理と述定』、津留竜馬訳、春秋社、二〇一〇年。（Davidson, D., *Truth and Predication*, Belknap Press of Harvard University Press, 2005. 死後公刊された単著書）

（その他）

J・マーフィー、R・ローティ『プラグマティズム入門――パースからデイヴィドソンまで』、高頭直樹訳、勁草書房、二〇一四年。

R・ローティ『連帯と自由の哲学――二元論の幻想を超えて』、冨田恭彦訳、岩波書店、一九八八年。

Borradori, G., *The American Philosopher: conversations with Quine, Davidson, Putnam, Nozick, Danto, Rorty, Cavell, MacIntyre, and Kuhn*, translated by R. Crocitto, University of Chicago Press, 1994.

Davidson, D., "A Conherence", ed. by E. LePore, *Truth and Interpretation*, pp. 307–19, 1986（First published 1983）.

———, “The Structure and Content of Truth”, *Journal of Philosophy* 87(6), pp. 219–328, 1990.

———, “The Folly of Trying to Define Truth”, *Journal of Philosophy* 93(6), 1996.

———, “Truth Rehabilitated”, *Rorty and His Critics*, Blackwell, 2000.

Horwich, P., *Truth*, Oxford University Press, 1990.

Rorty, R., “Is Truth a Goal of Inquiry? Donald Davidson versus Crispin Wright”, *Truth and Progress: Philosophical Papers vol. 3*, Cambridge University Press, 1998.

Saatkamp, H. J. (ed.), *Rorty and Pragmatism: The Philosopher Responds to His Critics*, Vanderbilt University Press, 1995.

III

プラグマティズムと現代哲学

哲学の現代的な議論とプラグマティズム的な見方とが
どのように結びつくのか，その接続を見定める。

第8章　記　号　学
——統一科学運動を乗り越えて

笠松幸一

1　プラグマティズムの記号学（論）の展開

プラグマティズムの記号学（論）は、C・S・パースと、シカゴ大学およびフロリダ大学で教授を務めたC・W・モリス（一九〇一―七九）に代表されるが、ネオ・プラグマティズムの提唱者R・ローティにも記号論は見て取れる。本章では、主にパースとモリスの「記号学」、ローティの「記号論」に接近する。パースとモリスには、記号に対する体系的な「科学」としての指向が認められるので「記号学」とする。一方ローティには、その指向が希薄なので「記号論」とする。以上のように使い分けて接近しよう。

パースは、プラグマティズムの創設者であり、記号学の創唱者でもある。彼の記号学は、心（精神）とかかわりながら現象するものを、カテゴリーに基づいて記号現象と捉える。

モリスの記号行動論は、一九三〇年代後半、ドイツ語圏（ドイツ、オーストリア）からナチズムを逃れてアメリカに渡って来た、論理実証主義者たち（ノイラート、カルナップ、ライヘンバッハ等）との統一科学運動として展開した。そのプロジェクトは、シカゴ大学を中心機関として、人文・社会・自然の諸科学を体系的に統一するという「統一科学」の実現をめざす記号学であった（以後は「シカゴ統一科学」と略記する）。

この統一科学運動の中から、記号学（言語学）の三領域としてのシンタクティクス（構文論）・セマンティクス（意味論）・プラグマティクス（語用論）が成立した。さらにT・S・クーン（一九二二―一九九六）の『科学革命の構造』（原著一九六二年）が登場した。ローティは、クーンの科学革命（パラダイム転換）の主旨を援用して、論理実証主義が主導する統一科学運動を批判するとともに、彼の解釈論的転回を提示した。この解釈論的転回には、パースの記号現象論を素地とする「会話の記号論」という新提案を確認できる。

2　パースとモリスにおける記号過程

一般的に言うと、パースにおいてもモリスにおいても「記号」とその「対象」「解釈項」「解釈者」は、彼らの記号学における基本的タームである。ただし、パースは記号現象から、モリスは記号行動から彼らの記号学を説き起こす。そこで両者の「解釈項（interpretant）」の概念はまったく異なる様相を見せている。パースの解釈項は解釈者の心（精神）的な「解釈思考」であり、モリスの解釈項は客観的に観察可能な解釈者の外的「行動傾向」である。この相違を、記号が意味を表す「記号過程」に把握しよう。

パースの記号現象論――三項関係の記号論

パースは記号学を主題とするまとまった論文を著していない。パースの記号学は彼の論理学・哲学の著述に織り込まれており、そこから把握する他ない。したがってパースの記号学には難しさが付きまとう（もちろん本章執筆者の力量不足もある）。ともあれパースの記号学の基本骨子に注目してみよう。

パースによると、現象とは「それ（現象）が実在の事物に対応するか否かにまったく関係なしに、どんな仕方においてであれ、どんな意味においてであれ、心に現れる一切のものの総合的全体」を意味する（Peirce, 1.284〔第一巻、パラグラフ・ナンバー二八四。以下同様〕）。心に現れる一切のものの総合的全体は、その現れ方により以下の三つのカテゴリー（存在様式）に分けられる（Peirce, 8.328）。

第一性（Firstness）＝そのものが、他のいかなるものとも関係なく、ただそれ自身においてあるようなもののあり方。

第二性（Secondness）＝そのものが、他のものと関係しているが、いかなる第三のものも含まないようなもののあり方。

第三性（Thirdness）＝第一のものと第二のものを相互に関係づけるようなもののあり方。

換言すると、第一性は記号それ自体のあり方（可能性、自由、性質など）であり、第二性は記号と対象との関係（無媒介）における記号のあり方（事実、衝突、個物など）であり、第三性は解釈項が記号と対象を媒介し関係づける、そのような記号のあり方（一般性、必然性、法則性など）である。

以上の三つのカテゴリーとの関係において、記号過程（semiosis）は、記号（第一性）、対象（第二性）、解釈項（第三性）の三項関係として現象する（図8―1を参照されたい）。現象する記号は九つのタイプに分類される（図8―2を参照されたい）。端的に言うと、記号それ自体のあり方は「性質記号」「個物記号」「法則記号」となる。次に、記号とその対象とのあり方――記号の表意様式――は、「類似記号

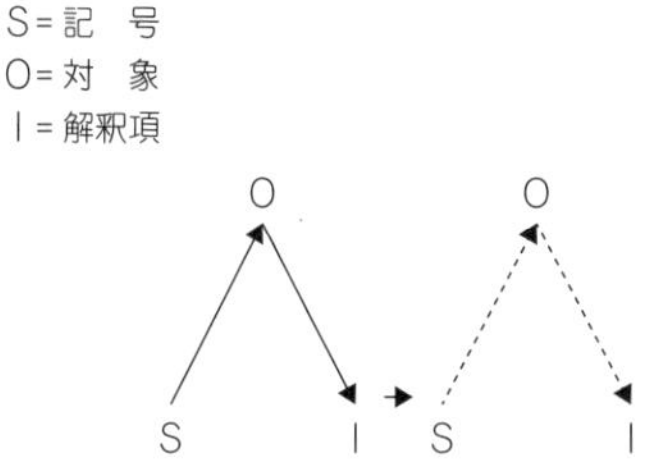

図8―1　記号過程

	記号それ自体	記号と対象	記号と解釈項
第一性	性質記号	類似記号（アイコン）	名　辞
第二性	個物記号	指標記号（インデクス）	命　題
第三性	法則記号	象徴記号（シンボル）	論　証

図8―2　記号分類

（アイコン）」「指標記号（インデックス）」「象徴記号（シンボル）」となる。さらに、パースは二つのもの（記号とその対象）をもっぱら媒介する。それらは「名辞」「命題」「論証」であり、パースの独創的な論理学および科学的探究に密接である。

特に着目したいのは、「アイコン」（対象と性質を共有する＝絵画、写真、鏡など）、「インデクス」（対象と因果〔事実〕的関係にある＝風向計、交通標識、温度計など）、「シンボル」（対象と社会慣習〔約定〕的関係にある＝言語、手話、数式など）である。ここではアイコン（類似記号）のみに触れておこう。ローティがアイコンに依拠して近代哲学を批判したからである。

アイコンは、富士山の「絵」、卒業記念の「写真」、私の顔を映す「鏡」などのように、対象と「記号」との単純な性質の類似性により成立する。とりわけ鏡像は、もっとも即物的で実在的な、あたかもホンモノの対象（たとえば鏡を見る「私の顔」）であるように見てしまう類似記号である。ローティは、近代哲学を主導したデカルトおよびカントの認識論に、人間の心（精神）は「鏡」のような本質をもつ、という視覚における類似性を看取した（本章5節で取り上げよう）。

次に解釈項（interpretant）に触れなければならない。パースは、反デカルト主義の立場から、理性的直観による認識を否定し、推論の連続性による認識を主張する。つまり、思考は直観のように一瞬にして生じるのではなく、時間を要するのであり「思考はすべて別の思考のうちで解釈されなければならない」（Peirce, 5. 253）。解釈項は、解釈者における心（精神）的な連続的思考である。解釈項（解釈思考）は、それ自体が新しく「記号」となり、後続の三項関係の連続的な進展を可能にする（図8—1を参照されたい）。したがってパースの記号現象論は、解釈項（解釈思考）が解釈者の中に記号を生むゆえに無限の発展可能性を内包する。

モリスの記号行動論

モリスの記号学は、プラグマティズムに基づいてプラグマティクス（語用論）を提示した。「プラグマティクス（pragmatics）という用語は、明らかにプラグマティズム（pragmatism）という用語に関連して創り出された。［……］プラグマティクス（語用論）という用語は、記号学の領域におけるパース、ジェイムズ、デューイ、ミードの業績の意義も鮮明にする」（Morris, 1938, p. 29〔邦訳、五一頁、［ ］は引用者による省略、以下同様〕）。

プラグマティクスの研究対象は、一般的には「記号と解釈者の行動との関係の科学である」と定義される。しかし具体的に言うと、プラグマティクスは「記号の起源（origins）・使用（uses）・効果（effects）を研究する科学である」。このことをモリスは彼の著書において繰り返し強調する。

モリスによると記号過程（semiosis）は以下の四要因から成立する。記号／記号媒体（sign/sign-vehicle）・解釈者（interpreter）・解釈項（行動傾向：interpretant）・指示対象（denotatum）である。この記号過程において、解釈項は、解釈者から分離されて、客観的に観察可能な外的「行動傾向」として設定される。この点がパースの解釈項（解釈思考）と大いに異なるところである。パースにおいては、解釈項は解釈者における心（精神）的な連続的思考であり、解釈項（解釈思考）と解釈者は不可分の一体として設定される。

さて、モリスの記号学は、二つの方法的特徴において成立する。

第一に、記号学は生物学と行動科学の方法に基づいて成立する。記号学（science of signs）は生物学を基礎として、特に「行動科学（science of behavior）の枠内で、もっとも有意義に発展しうる」（Morris, 1955, p. 2）。ここに言う行動科学はノイラートが唱える行動科学（behavioristics）である。その接近対象となる行動は、作用 - 反作用、刺激 - 反応という機械論的図式から観察され測定される。

第二に、記号学は、観察可能な生物体（人間）の「目的（目標）追求行動（goal-seeking behavior）」に依拠する。目的追求行動において、これをコントロールするのは、すべて記号である。それゆえに「記号によってコントロールされる目的追求行動を、記号行動（sign-behavior）と呼ぶことができる」（Morris, 1955, p. 7）。

モリスが例示する記号過程を以下の（A）（B）に確認しよう（Morris, 1955, pp. 5–6, 17–18）。

（A）ブザーが鳴り、その音を聞くイヌ（ブザー音の後に餌を与えられるように訓練された）は、餌を探し回り、においを嗅ぎながら、餌を見つけて、唾液を出しながら、咀嚼し食べる。この場合、「ブザー音」が記号、「イヌ」が解釈者、「餌を探す、においを嗅ぐ、餌を見つける、唾液を出す、咀嚼する、食べる」が解釈項（行動傾向）、「餌」が指示対象。ブザー音は、イヌに解釈項（行動傾向）を引き起こすゆえに、餌を指示する記号となる。

（B）ドライバーが、目的地をめざし運転中に、ある所で「土砂崩れが起きたぞ」という音声を聞いて、ブレーキをかける、車をバックさせる、車を迂回路に進める。この場合、「土砂崩れが起きたぞ」が記号、「ドライバー」が解釈者、「ブレーキをかける、車をバックさせる、車を迂回路に進める」が解釈項（行動傾向）、「土砂崩れ」の現場が指示対象。音声は、ドライバーに解釈項（行動傾向）を引き起こすゆえに、土砂崩れを指示する記号となる。

以上のようにして、記号媒体は、解釈者に、観察可能な一定の解釈項（行動傾向）を引き起こすゆえに、対象を指示し有意味となる。なお、「土砂崩れが起きたぞ」の場合、ホンモノの土砂崩れが起きていなくても（嘘であっても）、解釈者に一定の解釈項（行動傾向）を引き起こすゆえに有意味な記号（言語）となる。

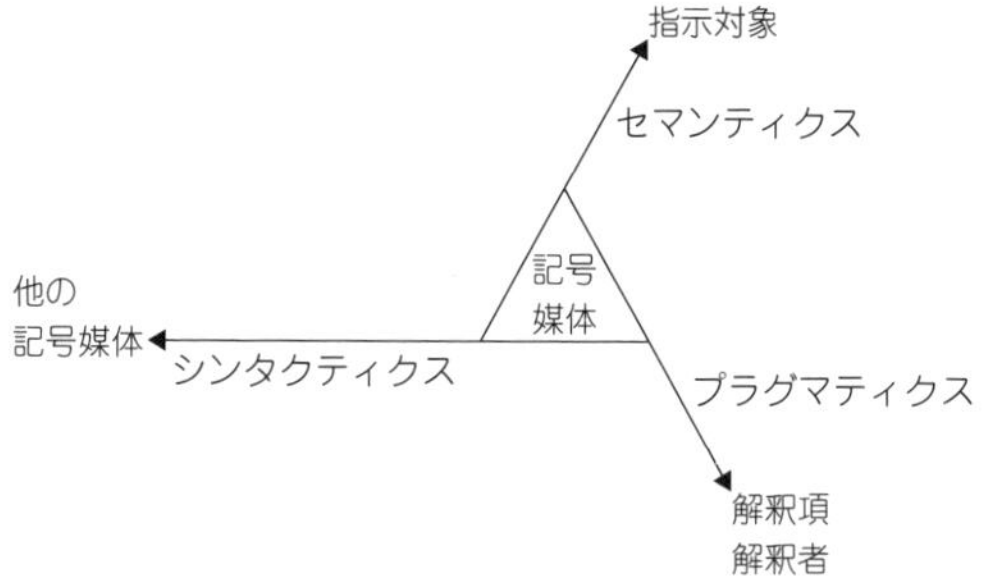

図8—3　記号学の三領域

モリスの記号行動論は、解釈項を観察可能な「行動傾向」として設定するゆえに、論理実証主義と統一科学運動を進めることができた。これとは反対に、パースの記号現象論は、解釈項を観察不可能な心（精神）的「解釈思考」とするゆえに、主観的経験論に陥っていると批判され、統一科学運動の埒外《らちがい》に置かれ等閑視された。

先述の記号過程に基づいて、モリスは記号学の三領域（シンタクティクス・セマンティクス・プラグマティクス）を設定する（図8—3を参照されたい）。

構文論（シンタクティクス syntactics）=記号と他の記号との形式的・論理的関係を研究する。

意味論（セマンティクス semantics）=記号とその指示対象との関係

を研究する。

語用論（プラグマティクス pragmatics）＝記号と解釈者の行動との関係を研究する。記号の起源・使用・効果を研究する。

論理実証主義者たち（ノイラート、カルナップ、ライヘンバッハ等）は、「科学的世界把握」を掲げて、ウィーン大学に始まる統一科学運動（以後は「ウィーン統一科学」と略記する）において、論理学と物理学を彼らの統一科学の基盤とした。シンタクティクスとセマンティクスが彼らの主要な研究領域であった。プラグマティクスは、モリスの提案により、シカゴ統一科学の開始に際して新しい研究領域として設定された。

モリスは統一科学の記号学について以下のように説明する。「記号学は、諸科学の中の一つの科学であり、しかも諸科学の道具でもある」（Morris, 1938, p.2〔邦訳、四頁〕）。こうして、統一科学に向けての科学および道具としての記号学（シンタクティクス・セマンティクス・プラグマティクス）が、モリスとR・カルナップ（一八九一―一九七〇）の指導により整備された。

3　プラグマティズムと論理実証主義の共同プロジェクト

シカゴ統一科学の体系はプラグマティズムの道具主義を取り入れて構想される。その体系の実現を期して、モリス、カルナップ、O・ノイラート（一八八二―一九四五）は『統一科学国際百科全書』としてモノグラフ・シリーズの出版を開始する（一九三八年）。この共同プロジェクトの試みにおいて、彼らが共有する方法的立場は「科学的経験主義」である。

統一科学国際百科全書の刊行

シカゴ大学は往時、G・H・ミード（一八六三―一九三一）やJ・デューイがプラグマティズム運動を推進した中心的機関であった。彼らから学んだモリスは、プラグマティズムと論理実証主義の共同プロジェクトは豊かな学問的成果を生むと期待し、この試みを「異花受粉（cross fertilizer）」と形容する。その期待にたがわず、この受粉は大きな果実を生み出した。すなわち、『統一科学国際百科全書（*International Encyclopedia of Unified Science*）』である。この百科全書のモノグラフ・シリーズの中から、本章の趣旨と関係する著作をリストアップしよう。なお説明の便宜上アルファベットを付記する。

(A) モリス『科学的経験主義（*Scientific Empiricism*）』（Vol. 1, No. 1, 1938）。
(B) カルナップ『統一科学の論理的基礎（*Logical Foundations of the Unity of Science*）』（Vol. 1, No. 1, 1938）。
(C) モリス『記号理論の基礎（*Foundations of the Theory of Signs*）』（Vol. 1, No. 2, 1938）。
(D) カルナップ『論理と数学の基礎（*Foundation of Logic and Mathematics*）』（Vol. 1, No. 3, 1939）。
(E) デューイ『評価の理論（*Theory of Valuation*）』（Vol. 2, No. 4, 1939）。
(F) クーン『科学革命の構造（*The Structure of Scientific Revolutions*）』（Vol. 2, No. 2, 1962）。

統一科学は、諸科学の専門の障壁を取り払い、諸科学・諸理論を横断的に表現しうる統一言語の構築をめざし、そのための言語的枠組みとして、物理言語を選択し物理主義の立場をとる（全書(B)・(C)）。そこで記号論理学に基づく命題関数論、要素命題の真偽に関する直接的検証なども重視される。したがって、その百科全書の説明・記述においては神学的および形而上学的な言説は除外される。注目すべきはクーンの『科学革命の構造』（全書Ⓕ）である。この著作はモリスとカルナップの推薦を得て出版された。

科学的経験主義と概念・理論・思想体系の道具性

さて、プラグマティズムと論理実証主義は、広義に捉えると、行動主義・経験主義・論理主義を特徴とする。そこでモリスとカルナップは、彼らのシカゴ統一科学に向けての共通の方法的立場を「科学的経験主義（scientific empiricism）」と命名する（全書Ⓐ）。カルナップは、『テスト可能性と意味（*Testability and Meaning*）』（一九五〇年）において、論理実証主義という名称はその始祖であるA・コント（一七九八―一八五七）とE・マッハ（一八三八―一九一六）へのあまりにも親密な依存関係を示すので、モリスによって提案された「科学的経験主義」という名称が適切である、との見解を表明する。

この科学的経験主義は価値の研究を排除しない、これはウィーン統一科学とは明らかに異なる方法的立場である。その証左がデューイの『評価の理論』である（全書Ⓔ）。

デューイにとって、価値とは、それ自身としての絶対・普遍・永遠の存在ではない。価値は、現実の行動と密接な関係にあり、人間行動を動機づけるとともに人間行動の目的でもある。したがって、デューイにとっては価値（value）というよりも、むしろ行動や目的に密接にかかわる評価（valuation）および価値づけ（valuing）が重要タームとなる。

デューイは、手段の行為の中に目的の行為が含まれている、目的の行為の中に手段の行為が含まれている、と主張する。したがって価値とは「手段（目的）‐目的（手段）の連続的プロセスに設定される目的である」（全書Ⓔ）。このように捉えて、デューイは独創的なプラグマティズムの価値論を、つまり道具主義的価値論を提示する。

知識もまた、価値と同様に、それ自身としての絶対・普遍・永遠の存在ではない。知識の探究もまた「手段（目的）‐目的（手段）」の連続的プロセスのうちにある。「概念、理論、思想体系は道具である［……］その価値は、それ自身にあるのではなく、その使用の結果に現れる作業能力にある」（Dewey, 1982, p. 163〔邦訳、一二八頁、強調引用者〕）。道具（概念、理論、思想体系）が使用の結果を何も現さない場合、その道具は改良ないし修正されることになる。あるいはその道具は廃棄されて新しい道具が創られることになる。

4　統一科学運動の成果

クーンの『科学革命の構造』におけるパラダイム転換は、新パラダイムと旧パラダイムとの間に生じる「共約不可能性」を提起し、科学の不連続（断続）的成立を説き起こす。この問題提起は今日まで、科学史や科学哲学の主題（理論、法則、真理、進歩など）にかかわる論争を誘発してきた。

『科学革命の構造』の登場

クーンは、パラダイム（paradigm）とは「一般に認められた科学的業績で、一定時期の間、専門家に対して問い方と答え方のモデルを与えるもの」と説明する（Kuhn, 1970, p. x〔邦訳、v頁〕）。すなわち、パラダイムは、ある一定の時代・社会において、科学者共同体における研究を支配する範型（「問い方と答え方」のモデルを与える理論体系）である。そのパラダイムの転換として科学革命が起きることになる。たとえば、天動説から地動説への、アリストテレス力学（物体運動論）からニュートン力学への、ニュートン力学からアインシュタイン相対性理論への転換などである。

歴史的に見ると、科学においては科学革命期と通常科学期（一定の問い方と答え方に則る「パズル解き」にたとえられる）が交互に繰り返されることになる。パラダイム転換は歴史の中で複数回起きている。その転換が「科学革命（scientific revolutions）」であり、革命には複数形のsがつく。パラダイムの下における研究は「通常科学（normal science）」と呼称され、パラダイムが機能しないときは、つまり科学者共同体にとって説明不能な変則的事例が出現し累積するときは「異常科学（extraordinary science）」と称される。異常科学においては、新旧のパラダイムが対立し、代替可能ないくつかのパラダイムが競合状態となる。変則事例が過度に滞積されてくると科学革命が惹起する。

新パラダイムの形成

クーンの示唆によると、パラダイム転換には価値がかかわっており、この「価値判断を含む問題は、全く通常科学の外側（outside）にある規準によってのみ答えられるものであり、パラダイム間の論争から革命が生じるのは、この外側にある規準によるからである」（Kuhn, 1970, p. 110〔邦訳、一二四頁、強調引用者〕）。この外側にある規準とは、「精確性（accuracy）・無矛盾性（consistency）・広範囲性（scope）・

単純性（simplicity）・多産性（fruitfulness）」であり、これらは理論の適切さを評価（valuation）するための標準的規準である（Kuhn, 1977, p. 322〔邦訳、四一七頁〕）。これらによる理論選択により新パラダイムへの移行は可能となる。理論選択においては、その選択に先立つ合理的規準やアルゴリズム（数学〔演算〕的計算）などはない。

以上のように、通常科学の外側にある規準により理論の適切性が評価される。したがって科学革命を境とする旧パラダイムと新パラダイムにおいては、概念、理論、学説、等については意味の共有が不可能となる。つまり「共約不可能性（incommensurability）」が生起する。たとえば、ニュートン力学とアインシュタイン相対論、それぞれのパラダイムに属する科学者たちが、時間、空間、質料、運動、等の科学言語を使用し議論をしても、それらの意味に齟齬《そご》が生じて意見の一致に至らないことになる。

言語的枠組みの道具（実践）的選択

クーンのパラダイム概念は、モリスとカルナップのプラグマティクスにおける「言語的枠組み（linguistic framework）」の概念に通底し合う。というのは、クーンは科学者共同体を「言語共同体」、共約不可能性を「コミュニケーションの途絶」とも言い換えるからである。

モリスは、「言語的枠組み」の選択使用は哲学や科学における重要課題であると主張し、『科学革命の構造』における「言語的枠組みの受容と変換はプラグマティクスが担う記号研究である」と強調する（Morris, 1964, p. 46）。言語的枠組み（パラダイム）は、モリスのプラグマティクス——記号（言語）の起源・使用・効果を研究する——にとって看過しえない課題であった。またカルナップにとっても重要な課題であった。

カルナップは言語的枠組みが複数ある場合、言語的枠組みの選択使用を容認し以下のように主張する。言語的枠組みの選択使用は、その言語を使ったときの有効性（efficiency）・多産性（fruitfulness）・単純性（simplicity）に基づいており、結論的に「道具としての有効性（efficiency as instruments）」において決定される（Carnap, 1956, pp. 208, 221〔邦訳、二五七、二七二頁〕）。言語的枠組みの選択はあくまでも「実践的決定（practical decision）」によるものであり、そこには何の理論的正当化も成立しえない（Carnap, 1956, p. 207〔邦訳、二五六頁〕）。

カルナップの言語的枠組みの選択使用に関する「道具としての有効性」は、またその実践的決定は、クーンが説く新パラダイムの形成に向けての、理論選択の適切さを評価する規準（精確性・無矛盾性・広範囲性・単純性・多産性）に一脈通じ合う。科学とは、直面する問題の解決に向けて、道具としての理論の有効性を評価する終着点のないプロセスにある。

ところで、クーンの科学革命（パラダイム転換）は、共約不可能性（コミュニケーションの途絶）が介在するゆえに、科学の非連続（断続）的な成立を提起する。したがってウィーン統一科学期以降の論理実証主義者の科学観（科学的知識は連続的に累積的に進歩する）を否定することになる。

5　ネオ・プラグマティズムの記号論

デューイ・プラグマティズムの後継者ローティは、クーンのパラダイム論に賛同しつつ、またパースの記号現象論に依拠しつつ統一科学の記号学を批判する。こうして彼は解釈論的転回を説き起こす。

ローティの解釈論的転回

パラダイムは、既述したように、精確性・無矛盾性・広範囲性・単純性・多産性に基づく理論選択により成立する。これらは、ローティによると、理論選択を決定する規則（rule）としてではなく、「理論選択に影響を及ぼす価値（value）として機能する」（Rorty, 1980, p. 327〔邦訳、三八〇頁〕）。つまりローティは、通常科学の外側にある文化・社会的な価値および価値観に由来する理論選択を経て新パラダイムが形成される、と把握する。したがって科学的知識は本来、日常言語の生活世界における価値および価値観の影響を免れえない。もはや科学者共同体が専有しうる「統一科学の言語なるものは存在しない」のであり、「恒久的な中立的母型として働くような言語をいまだ掌中にしていない」のである（Rorty, 1980, pp. 348-349〔邦訳、四〇三頁〕）。こう断定するローティは統一科学を、またその基礎づけをなす記号学を否定する。

さて、ローティの『哲学と自然の鏡』における第一部タイトルは“Our Glassy Essence”（私たちの鏡〔ガラス〕のような本質）である。このタイトルは、ローティ自身が認めるように、パースの論文タイトル（一八九二年）、“Man's Glassy Essence”（人間の鏡〔ガラス〕のような本質）からの援用である。この論文は、ローティの注釈（第一章）によると、人間の集団精神（group minds）に着目し「人間は一般観念を含んだシンボルに他ならない」という人間記号論の試みである。集団精神はシンボル（第三性）としての「人間」を形成する。すなわち、人間は分離（衝突）するのではなく、結合（連帯）する存在である。

パースの記号現象論は、近代的認識論（真理対応説）とは距離を置いて創始される。つまり「実在の事物に対応するか否かにまったく関係なし」に現象を捉えて、そこに「アイコン（類似記号）」を分類した（本章2節を参照されたい）。アイコンは、絵画、写真、鏡などである。とりわけ、鏡像は、まるでホンモノの対象が、そこに実在するかのように見てしまう類似記号である。

アイコンは三つの下位相より成り立つ。それは、イメージ（心像、想像など）、ダイヤグラム（図式、図表など）、メタファー（比喩、隠喩など）である。ローティは、パースの記号分類におけるアイコンを手がかりとして、一七世紀以降の近・現代哲学の認識論の展開に「視覚のメタファー」を看取した。それは、人間の「心」は自然を映す「鏡」である、というメタファーである。

その鏡（心）に映る鏡像は外的実在（自然）と対応する、つまり真理は実在との対応にある、という近代の認識論を成立させた。現代の言語論においても、言語が鏡に代替し、言語表現（写像）が外的実在（被写体＝自然）に対応するという写像説を見て取れる。視覚のメタファーは鏡像および写像として、現代哲学にまで視覚のイメージ系として通底する。それゆえに、この鏡像および写像によるとらわれを廃棄しなければならない。こうして未来の哲学は解釈論的転回（hermeneutic turn）に向かうことになる。

会話の記号論――われわれの連帯に向けて

ローティは、パースのカテゴリー論に依拠して、統一科学の物理学的方法を批判する。統一科学は、パースの第二性（作用－反作用、刺激－反応、力－抵抗など）、すなわち「無媒介的強制」である「第二性のみを唯一の正しい方法である」（Rorty, 1980, p. 375〔邦訳、四三五頁〕）と判断してしまった。そこには、第三性の解釈項が、つまり「媒介（mediation）」としての解釈的結合が欠落している。

統一科学を担う論理実証主義は、視覚のメタファーにとらわれて客観性を重視し、真理を実在との対応に見出す。しかし、ローティは、真理とはわれわれがそれを「信じたほうが善《よ》いもの」として把握し、客観性を連帯性に還元する。すなわち、解釈論的転回は、客観的真理の発見ではなく、「連帯」を希求するコミュニケーションないし会話の継続を優先する。言わば、真理の「社会的連帯説」である。

パースに照らして言うと、会話は第三性であり、会話は「話者」「聴者」「媒介（mediation）」（身振り、音声、文字〔活字／電子メディア〕等）からなる記号過程である。会話は自文化中心に立脚し発話・聴取される。とはいえ、それが寛容性の態度から発話・聴取される限りにおいて、話者と聴者の関係は、優劣・主従の関係ではなく、対等・平等の関係に変容する。すなわち、理性（啓蒙）ではなく啓発になり、批判ではなく批評になり、強制ではなく合意になり、われわれの「連帯」（解釈的結合）を可能とする。

6　ポスト統一科学の記号学

ローティの統一科学批判は記号学の大きな転換をもたらした。すなわち、統一科学から記号学を切り離し、統一科学とはいささかも関係のない記号学(論)を成立させた。したがって、記号や言語は単に記号現象や言語現象となり、多様な観点から自由に研究されることになる。とりわけコミュニケーション研究は活況を呈することになる。

J・ハーバーマス（一九二九—　）は、彼の普遍的語用論の研究において、コミュニケーションを可能にする「普遍的妥当要求」を究明し真理の「社会的合意説」を打ち出した。また、モリスの高弟T・A・シビオク（一九二〇―二〇〇一）は、モリスが注目しなかったところの、動物における異種ないし同種のコミュニケーションを研究する「動物記号学」を創設した。P・ブーイサック（一九三四―　）は、シビオクの動物記号学を継承して、生態系の共生に着目しつつ環境記号論を展開する。また彼は民族・文化の違いを相互承認しうる多文化・多言語の共生をめざす文化記号論を発信する。

自由で多様な記号論こそが新しい諸科学の誕生を可能にしてくれる。プラグマティズムの記号学は、現在、統一科学を乗り越えて多様科学への途を歩みつつある。

［参考文献］

Bouissac, P., “Ecology of Semiotic Space: Competition, Exploitation and the Evolution of Arbitrary Signs”, *The American Journal of Semiotics*, 10, Nos. 3-4, pp. 143-165, 1993.

Carnap, R., *Meaning and Necessity: A Study in Semantics and Modal Logic*, 2nd ed., The University of Chicago Press, 1956.（R・カルナップ『意味と必然性』、永井成男他訳、紀伊國屋書店、一九九九年〔復刊版〕）

Dewey, J., *Reconstruction in Philosophy*, The Middle Works: 1899-1924, Vol. 12, ed. by J. A. Boydson, Southern Illinois University Press, 1982.（J・デューウィ『哲学の改造』、清水幾太郎・清水禮子訳、岩波文庫、一九六八年）

Kuhn, T. S., *The Structure of Scientific Revolutions*, The University of Chicago Press, 1970.（T・S・クーン『科学革命の構造』、中山茂訳、みすず書房、一九七一年）

——, *The Essential Tension: Selected Studies in Scientific Tradition and Change*, The University of Chicago Press, 1977.（T・S・クーン『科学革命における本質的緊張——トーマス・クーン論文集』、安孫子誠也・佐野正博訳、みすず書房、二〇〇二年〔新装版〕）

Morris, C. W., *Foundations of the Theory of Signs*, University of Chicago Press, 1938.（C・W・モリス『記号理論の基礎』、内田種臣・小林昭世訳、勁草書房、一九八八年）

——, *Signs, Language, and Behavior*, George Braziller, 1955; Prentice-Hall, 1946.

——, *Signification and Significance: A Study of the Relations of Signs and Values*, The M. I. T. Press, 1964.

Peirce, C. S., *Collected Papers of Charles Sanders Peirce*, Vol. I-VIII, Harvard University Press, 1934-1958.

Rorty, R., *Philosophy and the Mirror of Nature*, Princeton University Press, 1980.（R・ローティ『哲学と自然の鏡』、野家啓一監訳、産業図書、一九九三年）

有馬道子『改訂版　パースの思想——記号論と認知言語学』、岩波書店、二〇一四年。

笠松幸一・江川晃『プラグマティズムと記号学』、勁草書房、二〇〇二年。

R・カルナップ『カルナップ哲学論集』、永井成男・内田種臣編訳、紀伊國屋書店、二〇〇三年〔復刊版〕。

T・S・クーン『構造以来の道——哲学論集 1970-1993』、佐々木力訳、みすず書房、二〇〇八年。

C・S・パース『パース著作集1　現象学』、米盛裕二訳、勁草書房、一九八五年。

永井成男・和田和行『記号論——その論理と哲学』、北樹出版、一九八九年。

米盛裕二『パースの記号学』、勁草書房、一九八一年。

第9章　意　味　論

――「未来の帰結」としての意味の探究

松下晴彦

1　プラグマティズムと現代の意味論

二〇世紀初頭の「言語論的転回」から現代に至るまで、意味論研究は、言語哲学という分野において盛んに行われてきた。そこには二つの潮流を見ることができる。

一つは、「意味とは何か」とか「言葉が意味をもつとはどういうことか」といった根本的な問いを扱う研究（意味の一般理論）である。議論の対象は、シンボルとしての言語記号の分析、言語と論理、言語行為論、心と志向性、真理論など広範囲に及ぶ。概して、哲学上の問題は言語的な問題であるという前提が共有されている。

他の一つは、個別言語において意味を扱う意味論研究であり、「セマンティクス」と言われる。セマンティクスは、もともと、C・W・モリス（一九〇一―七九）やR・カルナップ（一八九一―一九七〇）によって提唱され広められた、記号学や論理学の下位領域、構文論（シンタクティクス、統語論とも）、意味論（セマンティクス）、語用論（プラグマティクス）の三領域の一つであった。狭義の意味論は、個別の（英語や日本語などの）言語学の下位領域であるが、セマンティクスという学術用語は、語用論と並んで、汎用性をもち、哲学や論理学、認知科学においても論究される。ただし、容易に想像できるように、考察の対象は言語や論理であり、特に意味の探究であることに変わりはないことから、個別言語や論理の具体的な検討において、研究分野による明確な境界があるわけではない。たとえば、個別言語の意味論、形式意味論や概念意味論、認知意味論の成果から、われわれは多くを学ぶことができる。

それでは、プラグマティズムの意味論はどこに位置づくのであろうか。概して、プラグマティズム（特に古典的プラグマティズム）は、現代の意味論の研究方法の源流の一つを形成してきたと言える（ちなみに、もう一つの源流は、G・フレーゲやB・ラッセルらの形式論理学や数理哲学である。これらの源流はともに、「言語論的転回」と総括される）。たとえば、C・S・パースの記号論は、現代の意味論に対して先駆的で壮大な構想を描いていた。何よりも構文論、意味論、語用論の研究カテゴリーには、彼が中世論理学から着想を得た「思弁文法」「批判的論理学」「思弁修辞学」が継承されている。

しかしながら、現代の専門分化した意味論の趨勢からすると、プラグマティズムの観点は今や周縁的に見える面もある。と言うのも、現代意味論の多くは、研究対象が語彙や文（命題）、会話といった違いはあるにしても、すでに確定された意味を前提にし、その体系化をめざすからである。これに対して、プラグマティズムの基本姿勢は、不安定な状況をいかにして安定した状況へ変換するか、その際、次々に現れる不確定な意味をどのようにして確定するかという、意味の発生から意味の確定の手続きに、そして現実的な問題解決に焦点化してきた。しかも同じ事象は二度と起こらない。想定外で予測不可能な事態の中で、そこで何が起こっているかを明確にしながら（条件文による思考実験を重ねながら）問題解決を図ること、この人間の想像力と叡智が発揮されるべき次元をプラグマティズムは解明しようとしてきたのである。

2　私的な言語から公的な言語へ――プラグマティズムの言語批判

意味の疑似問題

L・キャロル（一八三二―九八）の『鏡の国のアリス』に、アリスが、白い王様から兵隊の姿は見えるか、と問われて「道にはだれも見えませんけど。（I see nobody on the road.）」と答える場面がある。王様はnobodyを見ることができるアリスの眼を自分ももちたいものだと大いに羨ましがる。このことを、アリスは気にもかけない。ところが、伝統的な哲学はこれを受け流すことができず、白い王様に大真面目につきあってきたのである。Nobodyとかnothingは「無」を表す名詞相当語句である。問題は、これらが使われるときの構文上の位置から、それらによって指示される何ものかが存在するのだと仮定するときに生じる。たとえば、古代ギリシアの時代には、何もないことを指示してくれるゼロという観念（記号）がなかった。そこで、ゼロと「無」の概念的区別ができないことによる混乱の中で、プラトンは「非存在」も、ある意味で存在しなければならないと考えた。

西欧の伝統的な哲学は、インド・ヨーロッパ語に共通した構文的な用法（主語とbe動詞）の上で思考してきた。「何々である」という構文は、「あるとはどういうことか」という存在をめぐる問いをはじめ、「知とは何か」「徳とは何か」「善とは何か」といった問いを促し、これらの探究が哲学の歴史を形成してきた。その際、知や徳、善といった言葉は、それらの背後にある何ものかを表象しているのだと仮定されてきたのである。

しかし、言語哲学的な観点からすれば、言葉とそれが表象している実体という措定の仕方は、われわれの思考を、したがって問題の立て方を誤った方向へ導く（反表象主義）。言葉から離れて実体は存在しない。そこで言葉によって表現されたもの（意味）を理解するということは、その言葉がどのような使われ方をするのか、その用法を理解することに他ならない。たとえば、「知識」という概念についてその意味を理解するということは、「知る」という言葉や「AはXを知っている」という文に関する文法を正しく理解することに他ならない。言葉の意味とは、その言葉の使用（use）なのである（意味の使用説）。

さて、『鏡の国』の白い王様に対して、（ネオ）プラグマティストはどのように語りかけるだろうか。確かにnobody、nothingなどは文法的に名詞のようにふるまうが、論理的には名詞ではない。仮にXを本来の名詞だとすると、「Xは硬くまた硬くない」と言えば矛盾である。ところが、nothingは名詞相当語句ではあるが、本来の名詞の役割を果たしているわけではない。「nothingは硬くまた硬くない（硬くて、かつ硬くないものは存在しない）」は論理的に正しい。伝統的な哲学的問題の多くは、このように言語のもつ文法的な位置から派生した疑似問題であることが判明すれば、解決というより、解消される。プラグマティズムの意味論のミッションの一つは、まずは哲学問題の治療であった。

観念の時代から意味の時代へ

プラグマティズムの運動の黎明期は、後に「言語論的転回」と言われるようになる運動が誕生した時期でもあった。人々はにわかに言語とか意味への関心を強めたのである。それはどのような背景においてだったのか。プラグマティズムの言語批判を理解するために以下に概観しておきたい。

一七世紀の哲学者たちにとって、人々が「コミュニケートする」という場合、伝えられるのは観念であった。観念とは明晰かつ普遍的であり、経験とか実在を表象していた。そこでコミュニケーションが成立するということは、一人の心の中の観念が、他者の心の中で複製されるということであった。一方、彼らにとって、その観念を表示する言語はというと、本質的に私的なものであった。そこで「私」の心の中の観念は私的な言葉で表示されるが、それが「あなた」の心の中の観念を表示する（複製する）ことができれば、それによって、コミュニケートできるということになる。

しかし、次第に懐疑的な問いが発せられるようになる。どのようにして「私」の言葉が表象している観念と「あなた」のそれとが同一であると言えるのだろうか。恣意的な「私」の言葉を超えて、無媒介的に観念を把捉できる方法（能力）はないものだろうか。デカルト的なエゴは、それ自身の観念世界に閉じ込められながらも外的世界の観念を蓄積し続ける。しかし、その根拠をめぐる思索は、私的な言語理解において展開されるために、強迫的とも言える懐疑が展開されたのである。

デカルト的懐疑の背景には、「普遍的な観念」への探究を「私的な言語」で遂行するという困難があった。デカルト的懐疑の帰結は、デカルト的二元論（「心」とそれが表象する「事物」との二元論）と確かな知識の探究（根拠づけのための「無限背進」）であったが、このデカルト的不安は、一九世紀の「認識論

（エピステモロジー）」（この言葉自体は一九世紀に生まれた）の言説を形成していくことになる。

一九世紀は、パースを待つまでもなく、意味とか推理、推論といった概念がにわかに一般的になった時代である。たとえば、パースの愛読した推理小説というジャンルそのものを生み出したE・A・ポー（一八〇九—四九）は、一九世紀の前半に活躍していた。一九世紀も後半になると、言語の私秘性は薄れ、言語は個別の共同体において共有されるものだ（言語の公共性）という理解が広がるとともに、次第に意味が人々の省察の対象となっていった。だれもが意味をキーワードと捉えていたことは、たとえば、W・ディルタイ（一八三三—一九一一）の歴史哲学やM・ウェーバー（一八六四—一九二〇）の一般社会理論の構想が意味の分析を出発点とし、それに依拠していたことからもわかる。

つまり、かつて観念が占めていた位置に、意味が取って代わり、さらには、感覚や印象の代わりに、言語の考察が第一義的となったのである。人類の知的遺産は言語的知識として蓄積されてきたのであるから、言語の底流には、人々に理解され人々の信念の担い手となっている意味が存在しなければならない。このように、意味が言語の公共性を実現するはずだということから、意味の理論とか言語分析が、哲学研究の中心となっていった（言語論的転回）。もちろん、言語への関心のもち方は、さまざまであった。意味分析は、語彙レベルから文へシフトした。また言語がもつ欠陥が誤った哲学を導くのだという認識から、分析的な形式言語が考案されたりした。いずれにしても、基本的に現代もこの潮流の中にあると言える。

3　プラグマティズムの意味論

プラグマティズムの世界観

それでは、このような言語論的転回の視点を共有しつつ、プラグマティズムはどのような意味論を展開したのだろうか。プラグマティズムの意味論を理解するためには、その背景にある世界観を確認しておく必要がある。

彼らによれば、伝統的な哲学のように、世界がまったくの不変で必然性に支配されていたとすると、(人間に)意識が生まれることはなかったし、歴史が形成されることもなかった。逆にまったく流動的で、変化でしかない世界も意味のない世界となってしまう。

プラグマティストの考える世界とは、第一に、世界に存在するものやすべての出来事は、安定と不安定、不完全なものと完成的なもの、反復的なものと流動的なものといった対立的な諸特徴を同時にもっている。世界についての、構造とプロセス、実体と偶然、物質とエネルギー、恒久性と流動性、連続と不連続、法則と自由、現実性と可能性などは、すべて現実に存在するものの諸特徴やそれらの間の相互作用が見せるさまざまな局面を指す名称である。そして、これらの諸特徴が意味するのは、この世界では、出来事は唯一無比であって、まったく同じ出来事は二度と起こらないということである。

第二に、このような世界にあって、いかなる生命体もその環境の中にある。生命体は不安定な状況に遭遇しつつその環境を変容し、自らはそれに適応するという仕方を通じて、環境との相互作用の関係にある。プラグマティストが考える意味の発生する条件とは、このように、生命体が住まう世界が安定的でかつ不安定な諸特徴をもっていることであり、意味は、これらの諸特徴の力動的な相互作用——現実性（現実態）と可能性（可能態）の相互作用——から生じるのである。何かが意味を帯びるのは、それによって何ができるかが期待できたり、あるいはそれを失ったら何が起こるかが予期されるからである。このような点から、意味は、記憶や時間、変化と関係している。

第三に、この生命体が人間である場合、人間の経験は、環境への働きかけ（能動）と環境からの働きかけ（受動）という二つの局面を特徴とするリズムのある相互作用を展開する。このリズムと安定という局面をもつ経験において、意味とは行為（働きかけ）によって引き起こされる（予期された）「未来の帰結」だということになる。

意味の確定化の方法

このような世界観を背景にして、プラグマティズムは、特定の教義を共有するというよりも、哲学姿勢とか方法をその特徴とする。その場合の哲学的方法とは、意味の確定化の方法に他ならない。

プラグマティズムの創始者のパースは、人間の思考と言語（言明、観念、概念、信念など）に関する探究はもっぱら記号（シンボル）の理解にかかっていると考えた。パースの意味論の中心の一つが、概念の明晰化のための「プラグマティズムの格率」である。この格率はパース自身によってきわめて難解な表現で与えられているが、その要点は、不確定な状態にある概念とかシンボルの意味について、それを確定した状態へと変換することである。言い換えれば、意味の確定化によって、問題の概念とか記号を用いた行為の形成、新たな習慣（信念の確定状態）の形成をもたらすことである。

ここでは、なぜパースが「格率」を方法の中心に据えたのか、ある興味深い視点から考えてみたい。まず、パースは数学研究者であり自然科学者であったことを想起する必要がある。パースは父親のベンジャミン・パースとともに「最小二乗法」を駆使した計測学者であった（パースの唯一の職業は、アメリカ沿岸測量部の助手であった）。「最小二乗法」とは、物理現象などの測定で得られたデータの複数の組について、それらのデータ間の関係を表すもっともらしい直線――特定のデータが与えられたときにデータとの誤差の二乗和を最小化する直線――を求める方法である。たとえば、ある天文学グループの複数のメンバーが、それぞれにある彗星の軌道の計測を試みたとする。その場合、観察の条件（天候、計測機器、計測者の知覚や操作など）によって、得られる結果はその都度、微妙に異なったものとなる。そこで、最小二乗法に基づき、推測された彗星の軌道の誤差の中央値を得ることにより、蓋然的にせよ彗星の軌道が得られるというものである。

計測学のベースには確率論や統計学があるが、それらは、見かけ上の不規則な事象の基底に秩序が存在するということを前提としている。つまり、彗星の軌道や分子の運動やリスクの発生、空模様、人間の行動など、予測不可能にふるまうかのように見える事象やそれらの観察結果も、総計においてはそれらが一定の法則に従うことを示すのだと想定されている。それでは、パースは、こうした微妙な逸脱と偶然性の基底にある秩序とか科学的法則をどのように理解したのだろうか。

一般的、科学的法則は、同じような原因は常に同じような結果をもたらすという仮定に依拠している。ところが、この仮定は、同じ事象が二度と生起しないような世界においてはほとんど役に立たない。パースは、計測学者としての経験から、事象は常に変化すること、事実は、法則が規定する道筋からの微妙な逸脱の影響を受けやすいことを認識していた。事象が偶然で不確実な仕方で生起する、そのような宇宙においては、知識は実在を映し出す個人の心の問題どころではない。どの心も異なった瞬間に、異なった仕方で事象を映し出すし、事象の方も正確な表象を可能にするほどじっとしてはいないのである。しかし、個人では到達できない実在も、多くの人々からなる集団的な信念であれば、事情は異なる。パースがイメージしていたのは、複数の天文学者による星の観測であった。星が天文学者の観察からは独立しているように、実在は、個々人の思考における偶然的な要素からは独立している。しかし、実在は、繰り返される観測（複数の思考）によって不可避的にその周辺に収束していく対象なのである。こうして、パースの言う科学的探究とは、世界についての科学者共同体のメンバーの意見が次第にお互いの一致の方向に収束し、実在によって表示されている限界へ徐々に接近していくことをめざすのである。

「意味の確定の手続き（プラグマティズムの格率）」をこのような背景において捉えてみると、それは次のような考え方と関連していることがわかる。第一に、科学用語（硬い、赤いといった単純な用語も含まれる）は固定した実体を指示するのではなく、予測として蓋然性を描く曲線上の点を指示するようなものと捉えなくてはならない。

第二に、パースの記号論は、「記号・対象・解釈項」の三項形式で表されるが、意味の確定の手続きは、まだ確定していない解釈項（記号の意味）の明晰化にかかわる操作である。つまり、探究のプロセスの不確定な状況で現れた概念の意味――すなわち、仮説形成のための推理（アブダクションと言われる）の中で出現した概念の意味――について、条件文（条件 - 帰結）の関係において明晰化し、確定する操作であるという点である。
第三に、意味の確定の手続きは、個人の認識レベルの問題ではない。個人はいずれ死にゆく存在であり、その個人の蓋然的な推論をどんなに重ねても仮説の完全な確証には至らない。しかし、世代を超えた科学者集団であれば、推論の誤差は限りなく収束していき、遂にはその究極的な合意が運命づけられているような最終判断を構想することができる。それが真理であり、その最終判断が指示する対象が実在なのである。

道具主義の意味論

パースの意味論は論証的で記号論的である。これに対して、J・デューイやG・H・ミード（一八六三―一九三一）らは、より包括的に、生物学的、歴史的、社会的な文脈の中で意味を捉えようとした。その主な特徴は次の三点にある。

第一は、社会的行為において意味を捉えることである。意味とは、何よりも、言語の意味であることに違いない。そこで、われわれは、意味というと、どうしてもすでに確定した概念があって、それを表示するのが言葉とか文なのだと捉えたり、意味は心に浮かぶイメージだなどと考えてしまいがちである。プラグマティストたちは、このような意味の捉え方をしない。彼らにとって、意味とは、「機能的」なものである。意味を「機能的」に捉えるというのは、実体を映し出す鏡（クワインの言う「博物館の標本」）のように捉えるのではなく、行為においてどのような働きをするか、ふるまいをするかを見ていこうというものである。意味とは何よりも行為の特性なのである。

デューイはシカゴ時代にその思想形成の礎となる「心理学における反射弧の概念」（Dewey, 1896, 1972）という論文を発表している。「反射弧」とは、当時の心理学の主要な研究テーマの一つであり、有機体が感覚刺激を受けるとそれを心の中で処理し、そして運動反応するという、刺激→観念→反応の因果的な流れを指す概念であった。たとえば、「子どもがロウソクの炎を見て興味をもち、手を伸ばすが火傷しそうになり、驚いて離れる」という行動は、「反射弧」概念によって、感覚刺激（ロウソクの炎）→アイデア（ロウソクで遊ぶ）→運動反応（炎に触れようと手を伸ばす）、続いて別の感覚刺激（熱い）→アイデア（この炎から離れよう）→運動反応（手を引っ込める）といった流れとして説明される。

これに対し、デューイは、「反射弧」（S→R）という要素に分解された意味づけは、行為の結果から遡及して取り出された誤った意味解釈であると指摘する。実際には、子どもは何かを見るという行為をして、続いて次の別の行為によって何かに触れるのではない。行為には目的が内在しているが、この場合、子どもは、触れるためにこそ見ている。そこには、見ることによって手を伸ばし、手を伸ばすことによって見るという分割不可能な一つの行為（有機的な円環・サーキット）があるのみである。一連の行為はそれぞれ別々の単位から構成されているのではなく、調整された（コーディネートされた）行為自体が一つの意味であり単位なのである。

第二は、意味の問題をコミュニケーションにおいて捉える点である。デューイとミードは、コミュニケーションの発生を、二つの事象に見ていた。一つは、人類が（子どもが）身体の特徴をうまく利用して、ある目的を達成する手段とする能力の獲得と発達である。もう一つの事象は、言語による媒介と相互参加によって行動を統制することである。

コミュニケーションにおいて、われわれが意図をもって語る事象は、語られることによって共有され、意味をもった事象へと変換される。意味を獲得した事象は、実在を離れて操作可能な記号とか言語となり、推論や推理が可能となる。これらの操作により、出来事のメッセージを読むことができ、またその共有が可能となる。

ロウソクの炎に興味を抱く子どもの例は、一つの有機体と環境との相互作用であった。デューイはこのモデルを、複数の人間による社会的参加にも適用して、「AがBに花を指さし持ってくるように指示する」という例で説明している（『経験と自然』）。この例においても、Aの発話、指さすしぐさ、事物の眺め（花）などはそれぞれ別々の刺激や反応として意味をもつのではない。これらは状況の中の他者から見た機能として捉えられ、またAはBの、BはAの観点から遂行される行為を予期しつつ行動するのである。これが意味の本質である。行為の中の二つの異なる中心の中で、共通の理解が生まれる。理解することはともに「将来の帰結」を予期することであり、相互準拠（互いの視点に立ち、かつ相互に参照すること）を行うことであり、これらの操作において協働への参加が実現されるのである。

第三の特徴は、道具主義的な解釈である。プラグマティストにとって、道具は主要概念の一つである。道具とは、その直接性を離れて、「将来の帰結」に対する手段として用いられることを意味する。たとえば、火の燃焼は直接的な現象であるが、料理や暖房という「将来の帰結」のために使用されると火は重要な意味と潜在性をもち始める。あるいは、棒切れをシャベルに見立てて穴を掘り、「将来の帰結」として掘削と農耕が実現する。プラグマティズム流に言えば、ある目的をもった行為の組織化のために、未来の可能性の観点から、現在が「変換された」ということになる。このようにプラグマティズムの道具概念には、時間的・状況的な構造が含意されている。他方、暖をとるという快適さは、燃焼が終わると消えてしまう。また単なる棒切れがシャベルとして使用されたあとは、それが帰結との関連で識別され保持されなければ、単なる棒切れに戻ってしまう。そこで、言語による意味づけのみが、その関係を記録し、それを他の特殊な存在との文脈の中で成果のあるものとすることができるのである。

「未来の帰結」としての意味の探究

プラグマティズムは、意味を、不変的な真理を表象するものとか言葉によってラベルが貼られるのを待っている標本のようには捉えない。意味は、何よりも行為の特性と捉えられる。そして意味を担っている行為とは、社会的参加の成員によって状況の問題が共有され、解釈され、その解決が図られるようなコミュニケーション行為なのである。意味は、コミュニケートしようという人々の相互の努力の中で発生するが、この意味とコミュニケーションは、協働的な探究や発見、成長、学習などに関する対話的なプロセスなのである。

人類史のどの時代にも増して、現代そして近未来の社会の仕組みはますます複雑化し高度化していくことが不可避であり、状況は安定さと不安定な状態が絶えず反転していくような特徴を帯びていくものと予想される。プラグマティズムはそのような世界観を織り込んでおり、その方法は、現在の中にその潜在的な可能性を読み込む、つまり現在の状況を「未来の帰結」へと変換しようという意味で、不確実性を特徴とする現代社会においては、有望な問題解決の仕方を提供する未来志向の哲学姿勢なのである。

［参考文献］

Dewey, J., "The Reflex Arc Concept in Psychology", *The Early Works, 1882–1898, vol. 5: 1895–1898 Early Essays*, Southern Illinois University Press, 1972.

———, "Experience and Nature", *The Later Works, 1925–1953, vol. 1: 1925 Experience and Nature*, ed. by J. A. Boydston, Southern Illinois University Press, 1988.（J・デュウイー『経験と自然』、帆足理一郎訳、春秋社、一九五九年）

Quine, W. V., *Quiddities: an intermittently philosophical dictionary*, Harvard University Press, 1987.（W・V・クワイン『哲学事典〜とは何であるかを考える』、吉田夏彦・野崎昭弘訳、白揚社、一九九四年）

第10章　科学哲学

江川　晃

1　プラグマティズムからネオ・プラグマティズムへ

古典的プラグマティズムは、現在において科学哲学の進展と有機的な関係がある。一八七〇年代にC・S・パースに始まりW・ジェイムズを経て、一九三〇年代後半、パースの探究の理論を再び体系化したJ・デューイへと引き継がれたアメリカ独自のプラグマティズムの思潮は一旦、哲学の表舞台から退くことになる。というのは、一九三〇年代半ばに論理実証主義の中心者であるR・カルナップ（一八九一―一九七〇）やH・ライヘンバッハ（一八九一―一九五三）らが、ナチスから逃れヨーロッパからアメリカに亡命し「シカゴ学派」を結成し、アメリカの哲学界に大きな影響力を振るい始めたからである。G・フレーゲ（一八四八―一九二五）に始まる記号論理学を駆使した論理実証主義のもつ厳密な論証方法に圧倒され、古典的プラグマティズムは、あたかも時代遅れの哲学と見なされるようになった。

しかし、論理実証主義では、世界を直接に、そのまま捉えるという観察言明と、観察をもとにしてつくられるところの理論言明とは区別されてきたが、その後、N・ハンソン（一九二四―六七）により、観察自体が理論を前提にしているということが明確にされるにしたがって、プラグマティズムは、現代アメリカ哲学にネオ・プラグマティズム（neo-pragmatism）として再び登場するのである。たとえば、W・V・O・クワインの「連続主義」および「全体論」、R・ローティの「反基礎づけ主義」と「反表象主義」、H・パトナム（一九二六―二〇一六）の「内在的実在論」や「自然的実在論」に代表されるネオ・プラグマティストたちは、知識形成を、社会的な行動としての「会話」により基礎づけようとする。

このように、二〇世紀におけるアメリカの哲学の変遷は、表面的には、古典的プラグマティズムから論理実証主義へ、そしてネオ・プラグマティズムへ、という流れとして捉えることができる。しかし、ネオ・プラグマティストたちは、古典的プラグマティズムであるパース、ジェイムズ、デューイの思想との相克を通じて、彼らの科学哲学を発展させていくのである。さらに、二一世紀の現代では、ポスト・ネオ・プラグマティズムとしてまた新たな展開を迎えており、特に科学哲学における、パースのプラグマティズムの再評価という点も注目されるところである。

2　クワインの「連続主義」「全体論」

論理実証主義とは何か

二〇世紀後半のアメリカ哲学は、クワインによるプラグマティズムの再評価に始まり、ローティの相対主義、そしてパトナムの内在的実在論へと発展した。この発展を把握するためには、論理実証主義との有機的関係を見逃すことはできない。

フレーゲとB・ラッセル（一八七二―一九七〇）に影響されたL・ウィトゲンシュタイン（前期）は、『論理哲学論考』において、「世界における単純な事実の写像である要素命題とそれを真理関数的に結合した複合命題のみが語りうる有意味な命題である」と主張した。この思想が、論理実証主義に大きな影響を及ぼすことになるのである。さらに論理実証主義は、「感覚的経験に基づいた実証」というE・マッハ（一八三八―一九一六）の科学哲学の思想と、ウィトゲンシュタインにより提起された論理的分析の方法とを結合し、科学的知識が有意味であることの解明を試みたのである。

さらに、論理実証主義は、数学の命題はア・プリオリな分析命題であり、物理学の命題は経験的実証を必要とするア・ポステリオリな総合命題であるとして、ア・プリオリな総合命題は形而上学的な命題として、哲学から排除されなければならないと見なしたのである。

ここで、パースのプラグマティズムにおいて主張された意味の格率と、論理実証主義の有意味性の基準との類似性が指摘される点は、非常に興味深いところであろう。つまり、何らかの言明の有意味性がテストされる際、それぞれに「何らかの効果」や「検証の可能性」という経験の脈絡を通じてなされると考えられるからである。

「連続主義」

このような論理実証主義に対して、クワインの科学哲学はネオ・プラグマティズムという立場から批判を加える。一九五一年の論文「経験主義の二つのドグマ」において、クワインは、「経験主義」である論理実証主義に対して、その暗黙の前提である「分析的真理／総合的真理という二分法」と「直接的経験への還元主義」である「二つのドグマ」に関して言及した。クワインは、言語分析の方法を駆使し、分析的真理と総合的真理の間にあるのは「種類の差」ではなく「程度の差」にすぎず、それらの間に明確な境界線を引くことはできないことを論証した。このような画期的な考えは「連続主義」と呼ばれ、分析的と見なされてきた数学や論理学（形式科学）と、総合的と見なされてきた物理学や社会学（経験科学）との間の境界線は消滅し、両者は連続的なものになったのである。

「全体論」

さらに、以上のことは「全体論」およびプラグマティズムへの回帰を意味する。知識に対する検証や反証の手続きは、個々の命題がそれぞれ単独で直接的経験のテストにさらされるのではなく、個々の命題が相互に結びついて一つの体系を構成する「知識の全体的なネットワーク」を対象としてなされなければならない。したがって、経験的テストにより反証が行われる場合、個々の命題が廃棄されるのではなく、体系全体が再調整されるということなのである。「どのような言明も改訂に対して免疫があるわけではない」とクワインが主張するように、極端な場合、体系の中心部に位置すると考えられる論理学や数学でさえこの改訂の対象になりうるのである。

クワインのこの「全体論」に従うと、探究や経験によるわれわれの個々の信念の保持、廃棄、変更は、信念のネットワーク（システム）の全体のどこに手を入れ、どこを保持するかという実践的な、プラグマティックな問題ということになる。われわれの信念の真偽は「そのシステムにとっての有用性」という観点から決定され、このことは、プラグマティズムの真理論の再生へとつながるのである。

以上のように、「連続主義」と「全体論」を徹底化するならば、科学と哲学の間の境界線は曖昧なものになる。科学的認識論を基礎づけるための哲学的認識論と経験科学とが同じ基盤の上に立ち連続したものになるということを「自然化された認識論」とクワインは表現した。こうして、哲学が特権的に科学を基礎づけるという「基礎づけ主義」の図式は崩壊するのである。

3　ローティの「真理と連帯」

クワイン以後

クワイン以後のプラグマティズムは、二つの方向に分かれる。一つは、「自然化」を徹底させることで、哲学と文学や芸術との境界をも消滅させようとするローティの思想であり、ジェイムズ＝デューイ的な思想に依拠する方向である。もう一つは、理性の「自然化」に歯止めをかけようとするパトナムの「内在的実在論」であり、パース＝ジェイムズ的な思想と、後期ウィトゲンシュタインの哲学を駆使してプラグマティズムへと回帰する方向である。

反基礎づけ主義・反表象主義

ローティは、プラトン、デカルト、ロック、カントに至る、認識論における基礎づけ主義、真理についての本質主義、言語についての表象主義を否定する。特に、ローティ独自の思想は、反表象主義という立場から、哲学の偏見であるとされる「自然の鏡としての精神」を批判するのである。表象主義に従うならば、認識の正しさは、一つの精神が抱く断片としての観念や、言語的言明の個々の断片が、外的世界の断片を正しく表象していることである、と考えられる。人間の精神が自然の姿を映し出しているという見方がここにはある。デカルトの心の概念、ロックの観念に関する理論、カントの現象界における表象理論、さらには、外的世界を正しく写像する表象である命題に有意味性を確保しようと試みた論理実証主義でさえ、表象主義に包含されるものと批判されるのである。なお、このローティの反表象主義は、プラトン、デカルト、カントの二世界論に由来する「傍観者的知識観」に対してデューイが行った批判とも関連する。なぜならば、ローティの反表象主義は、哲学が自然科学の成果を全面的に受け入れることを通じて、知識が観察者による傍観ではなく、世界への介入と世界との共同において知識を生み出すというデューイの発想とも呼応すると考えられるからである。

真理と連帯

ローティは、真理は超越的存在であり、探究により発見されることを待っているという真理対応説を否定する。さらに、ローティはクワインと同様に、パースの「真理とは探究が無限に継続する中において究極的意見による収束点として見出されるもの」という収束的真理説を否定し、「探究の収束点」という概念自体を意味のないものと見なした。さらに、真理の収束点を認めるパトナムの「真理の理想的正当化理論」をも否定する。

ローティによると、真理は収束すべきものであるという考えは、自然科学を合理性の範型、真理探究の成功事例の範型とする考えと結びついている。しかし、プラグマティズムは、科学を文学の一ジャンルとして見なす、つまり、文学や芸術を科学と同じ基盤に立つものと見なすのである。科学により表象される外的世界についての客観的真理を描くことは、彼の反表象主義からすれば、無意味であり有害でさえある。こうして、ローティは「客観性とは連帯の別名である」と結論する。連帯とは、知的な探究を行う個々人が、強制によらず規範に従うことに合意し、規範を共有する共同体へ帰属することである。かくして、「科学は人間の連帯の範という意味においてのみ、規範である」ということになるのである。

パラダイム論による自文化中心主義の擁護

確かに、科学的共同体は、個々人の規範への帰属を通じて自然的事象の予測と制御の目的に役立つ語彙を増殖させるものと見なされる。しかし、このようなローティの思想は、科学的知識と哲学、科学的知識と文学や芸術とを同一基盤に位置づけ、それらの間の境界線を消滅させ、さらには、真理や客観性を連帯に還元するならば、彼の考えは相対主義に陥ることになる、と指摘される。このような批判に対して、ローティは自身の反表象主義は相対主義ではなく、自文化中心主義であると反論する。自文化中心主義とは、個々の信念の正当化の文脈は、われわれ自身の具体的な実践に相対的な形で決定される、というものである。

そこで、ローティは自文化中心主義について、T・S・クーン（一九二二—九六）のパラダイム論を援用して正当化しようと試みる。クーンのパラダイム論に従うと、科学者からなる探究の共同体は、各時代の各々のパラダイムの中で活動することで、特定の世界観の共有と問題解決方法の洗練を通じて、営まれる。したがって、その作業はまさに自文化中心主義に基づいて行われているのである。

しかし、このような活動は、永続性を保証されるものではない。一つのパラダイムにおける共同体に帰属することは、その共同体の伝統を守り続けることである。同時に、そのことは新たなパラダイムが革命的に成立する準備段階であるとも見なされる。したがって、科学的探究の構造は、現状維持的でもあり、かつ、現状破壊的でもあると言われる。

ひるがえって、ローティは、自文化中心主義をパラダイム論と同様な構造をもつものであると主張する。つまり、連帯を目的とする科学者集団は、自分の規範に従い、別の仮説体系について判断する。そのことは決して自分の規範だけにいつまでも執着していることを意味しない。探究の共同体は、自己の共同体の規範から逸脱する経験や事例を考慮することで、別の概念体系へと移行・飛躍する可能性をもっている、とローティは考えるのである。

4　パトナムの「自然的実在論」

プラグマティズムの科学論

プラグマティズムは、「行為者の視点」に立ち世界を把握する立場である。クワインの「全体論」によれば、探究行為は信念体系を不断に改訂し、再編成させることと把握される。この考えは、パースの「可謬主義」と軌を一にするものであり、さらにそれを発展させたものと見なされる。パースは、科学者の共同体における連続する試行錯誤と自己修正のプロセスである探究行為が、究極的意見の一致に収束するとき獲得される信念を「真理」であると主張したのである。このようなパースの考えは、パトナムに引き継がれ、「内在的実在論」として発展する。当初、パトナムは、真理はわれわれの認識活動や理論とは無関係に存在するという形而上学的な実在論である「科学的実在論」の立場をとっていた。しかし、一九七六年の講演を機に、真理は探究のプロセスや正当化の手続きと不可分なものと見なす「内在的実在論」に転向し、最終的には、「自然的実在論」ないしは「洗練された素朴実在論」の立場を主張するのである。

科学的実在論から内在的実在論への転向

パトナムは、いかにして科学的実在論から内在的実在論へと転向したのだろうか。科学的実在論とは、自然科学の理論において置かれている、物質の構成要素、元素、生物種等の対象や、それらに関する法則が、われわれがそれらを認識しようがしまいが、それ自体として世界の中に独立して存在している、という主張である。パトナムは、真理は、語ないし思考記号と外界の事物および事物の集合との間の対応関係を含むとして、その見方を外在主義者の見方と呼び、さらに神の眼から見た視点であると考えた。

パトナムは、このような強い実在論を主張したのであるが、次第に、この考えに対して懐疑的になり、内在的実在論へと傾いていく。われわれは世界について完全に描写することは、原理的に不可能であろう。その描写は、すべて状況や関心や目的に依存せざるをえない。何が真理であるかは、認識し、記述し、主張するという人間的営みの下で行われているゆえ、目的意識と実践様式により多様でありうる。

したがって、このような実在論は、個々の主体の関心と内在的に結びついている限り、間接的な実在性を探究する内在的実在論にならざるをえないのである。

パトナムのプラグマティズム

科学的知識の真理性は、探究という実践的行為に内的に依存しているので、真理が生まれる源は超越的な外的世界というより、探究の共同体での主張可能性にある。さらに、真理とは理想的な主張可能性という目的収束的な性質をもつものと見なされるのである。このような内在的実在論が認める真理論は、デューイとパースの真理論を混合したものと把握されたことにより、パトナムのこの内在的実在論への転向は、プラグマティズムの運動への参入を意味するのである。

また、パトナムの内在的実在論をカントの超越論的観念論の現代的展開と見る意見もある。世界についての認識の実在性は、われわれの認識の関心と方法に同時的に相互依存するという考えは、われわれが知りうる世界はわれわれにとっての客観的世界であるとするカントの立場に近いものがある。さらに、カントの理論における「実践理性の優位」という観点を援用し、探究における客観性が関心や志向性に依存するならば、理論を構築する際、純粋理性の働きのベースには、共同体における普遍妥当な価値の発見と共有をめざす、実践的な理性が働くはずである、とパトナムは考えたのである。

自然的実在論

パトナムは、「実践理性の優位」を強調することにより科学主義を否定する。かつ客観的真理を保つために相対主義をも否定する。このような両主義の批判をめざし、パースとジェイムズの新解釈を用いつつ、彼は自然的実在論を主張する。N・レッシャー（一九二八―　）が説くように、パースがプラグマティズムの中に、非個人的で客観的な基準の道を見た、そのところに、ジェイムズは個人的かつ主観的なひねりを加えた。このところは、パースによるジェイムズ批判のカギを握るところであるのだが、パトナムはこの解釈に異論を唱え、さらに、ジェイムズの中にパース的な「究極的意見としての真理」あるいは「可謬主義」という思想を読み取ろうとする。

確かに、ジェイムズは真理が有用であると言う。このジェイムズの真理概念は、後に、パースおよびその他の哲学者たちにより批判にさらされることになる。つまり、信念の真理性を有用性へと還元することは、真理を個人的で、主観的なものにしてしまうのではないか、という疑問が生じたのである。しかし、ジェイムズは、有用なもの（実際的利益に資するもの）は何でも真理であると言っているのではない。パトナムは、その有用性も、それが実在と一致しているからこそ真理であると考える。有用性だけではそのような一致は成立しない。真なる観念は、われわれの経験が不愉快な驚きにならないように行動するよう、導くことによって有用となるのである。言い換えると、思考における有用性は、思考に先立って前もって与えられたものではない。その有用性は思考の各々の段階や領域で、試行錯誤を通じて具体的に確認され、反省・修正されるものである。このようにして、パトナムは、ジェイムズの「真理有用説」をパースの「究極的意見としての真理」あるいは「可謬主義」に結びつけることによって、「自然的実在論」を展開したのである。

5　ポスト・ネオ・プラグマティズム

ポスト・ネオ・プラグマティズムとは何か

今世紀に入りポスト・ネオ・プラグマティズムとして注目される哲学者として、J・マクダウェル（一九四二―　）とR・ブランダム（一九五〇―　）が挙げられる。マクダウェルは、カントとアリストテレスの再解釈により、「人間としての経験に即した客観性」という概念の回復を論じ、ブランダムは、言語行為の核心にある「理由を与えたり、求めたりする、推論ゲーム」に注目し、「主張」という言語ゲームにおける「関与や義務や資格」の視点の重要性を指摘した。

ところで、近年、プラグマティズムの領域において、認識論・知識論の分野で目覚ましい成果が上げられているという。それらは、「知識」や「真理」に関する古典プラグマティストたちの問題関心の延長で、改めてプラグマティックな視点に基づく真理論、あるいは論理観の思想展開が可能ではないのか、という問題関心からなされているのである。

先に述べたが、ローティはクワインやW・セラーズやD・デイヴィドソンの成果をもとにして、パース、ジェイムズ、デューイらの古典的理論を洗練させ、反表象主義に立つ言語論、知識論を展開し、さらに、知識に関する反権威主義および反正統主義を標榜した。しかし、この結果はプラグマティズムをある種の相対主義やアナーキズムに近づけることを招来した。ポスト・ネオ・プラグマティズムにとっては、このローティの反権威主義に対し、どのような立場をとるかということが大きな課題となったと考えられる。

ローティは『プラグマティズムの帰結』において、二〇世紀の哲学者の英雄をデューイ、ウィトゲンシュタイン、ハイデガーの三人であるとし、その中でもデューイの思想的先駆性をとりわけ強調した。しかし、ローティのパースに対する評価はきわめて低く、パースの意義は「プラグマティズムという言葉を生んだことだけ」にすぎないと見なした。さらに、クワインと同様に、ローティはパースの収束的真理説を否定し、「探究の収束点」という概念自体を意味のないものと見なした。ところが、先述したポスト・ネオ・プラグマティストのブランダムに依拠する言語ゲーム論は、言語の推論的機能を強調する点でパース的であると言われる。このような、ローティの思想修正の試みとして、ローティ的なネオ・プラグマティズムからパース的プラグマティズムへの方向転換の可能性が、現代のポスト・ネオ・プラグマティズム運動の模索の中で生じたと考えることは興味深いことであろう。したがって、現代のプラグマティズムにとって、ローティが廃棄すべきであると論じたパースの収束的真理説、科学主義、思弁的形而上学を改めて考察の対象とすることはたいへんに意義のあることと考えられる。

パース再評価

一九九〇年以降、パースの哲学に関する国際的評価が高まっている。ヨーロッパ系の哲学者、T・シビオク（一九二〇―二〇〇一）、U・エーコ（一九三二―二〇一六）、J・ハーバーマス（一九二九― ）、K・O・アーペル（一九二二― ）、J・ヒンティッカ（一九二九―二〇一五）等は、パースをアメリカの思想家としてだけではなく、ヨーロッパ系の哲学者の一人として捉えている。周知のように、パースとソシュールは現代記号論の創始者として、記号、意味、言語の哲学においてはよく知られていた。しかし、このような記号論的観点からの問題意識が、ソシュールに基づくフランスの構造主義的枠組みを超え、普遍的・超越論的プラグマティークを標榜するハーバーマス、アーペルの思想に影響を与えた。そのことにより、パースの言語哲学および記号論が、英米哲学と大陸哲学、さらに現在においては生物学・情報学・ロボティクスを網羅する工学分野にまたがる関心を引き起こしているということは事実である。

また、パースの記号論は、現代の科学哲学の一つに入る「心の哲学」に対して貢献する可能性があるのではないかと考えられる。心の哲学に関して言えば、パースの記号論は、パトナム、J・サール（一九三二―　）、F・ドレツケ（一九三二―二〇一三）、D・デネット（一九四二―　）、J・フォーダー（一九三五―　）等による議論に関係があると見なされている。

〔参考文献〕

伊藤邦武『プラグマティズム入門』、ちくま新書、二〇一六年。

野家啓一『科学哲学への招待』、ちくま学芸文庫、二〇一五年。

――「プラグマティズムの帰結」、『岩波講座　現代思想7　分析哲学とプラグマティズム』、新田義弘他編所収、岩波書店、一九九四年。

Maurphy, J.P. & Rorty, R., *Pragmatism: From Peirce to Davidson*, Westview Press, 1990.（J・マーフィー、R・ローティ『プラグマティズム入門――パースからデイヴィドソンまで』、高頭直樹訳、勁草書房、二〇一四年）

Putnam, H., *Pragmatism: An Open question*, Blackwell, 1995.（H・パトナム『プラグマティズム――限りなき探究』、高頭直樹訳、晃洋書房、二〇一三年）

Quine, W. V. O., *From a Logical Point of View: 9 logico-philosophical essays*（2nd ed.）, Harper Torchbooks, 1963.（W・V・クワイン『論理的観点から――論理と哲学をめぐる九章』、飯田隆訳、勁草書房、一九九二年）

Rorty, R., *Philosophy and the Mirror of Nature*, Princeton University Press, 1979.（R・ローティ『哲学と自然の鏡』、野家啓一監訳、産業図書、一九九三年）

――――, *Consequences of Pragmatism: Essays: 1972–1980*, University of Minnesota Press, 1982.（R・ローティ『哲学の脱構築――プラグマティズムの帰結』、室井尚他訳、御茶の水書房、一九八五年）

第11章　存在論
――自然主義を中心に

加賀裕郎

1　「自然主義」の多義性とプラグマティズム

自然主義の意味

現代の英語圏の哲学において、自然主義は主流の考え方である。端的に言えば、自然主義は超／非自然的な存在を認めず、またそうした存在を捉える神秘的能力を認めない立場である。

以上のように、自然主義には存在論的な意味と、方法論的、認識論的な意味が含まれる。当然ながら、二つの意味は密接に結びついている。存在論的に理解された自然主義は、自然科学の方法によって認識されたものだけが実在すると考える。方法論的、認識論的に理解された自然主義は、自然科学の方法だけが正当な真理認識の方法だと考える。

本章では、存在論的に理解された自然主義を中心に考察する。このタイプの自然主義でポピュラーなのは科学的自然主義、科学的実在論などと呼ばれるものである。この自然主義は、自然科学、特に物理学の認識対象だけが実在だと主張する。この意味では科学的自然主義は物理主義（physicalism）である。この立場によれば、心、志向性、様相、規範などは自然科学の言語に置き換えられるか、そうでなければ実体性がない。科学的自然主義が「心の哲学」に適用されると、消去的唯物論（eliminative materialism）になる。この立場によれば、心や心的状態についての常識的理解は間違っており、消去される運命にある。

非科学的自然主義

科学的自然主義は英語圏の分析哲学の主流である。しかし自然主義者であっても、心、志向性、様相、規範等に関して還元主義的、消去主義的ではない人々もいる。この型の自然主義にも、いくつかのものがあるが、概ね次のように主張する（Caro and Macarthur, 2010）。

第一に、哲学の焦点が非人間的自然から人間的自然（人間本性）に移る。

第二に、規範に対する非還元的な態度をとる。非科学主義的な自然主義者は、規範的なものを自然存在の一様態として認める。

第三に、科学から独立した第一哲学を認めないが、哲学は科学の一部であるという主張には賛同しない。

第四に、多元主義的な科学概念をもつ。つまり特権的な科学や科学的方法は存在しない。

「中道」としてのプラグマティズム

前述したように、分析哲学の主流をなすのは科学的自然主義である。それではプラグマティズムと自然主義の関係は、どのように理解されるべきだろうか。プラグマティズムを反自然主義の陣営に入れる考え方もある（野家、二〇一五）。自然主義を科学的自然主義や科学的実在論と同じ意味に理解すれば、多くのプラグマティストは反自然主義者である。しかし自然主義を非科学主義的なものを含む広い意味に捉えれば、大半のプラグマティストは非科学主義的な自然主義者である。

本章では、プラグマティズムを科学主義的な自然主義または科学的実在論と超／非自然主義の間の中道（via media）として理解する。以下ではこの理解を深めていこう。

2　文化と自然の創造的緊張とその弛緩

デューイと自然主義

古典的プラグマティストの中で、自らの立場を「自然主義」と規定したのはＪ・デューイである。デューイは自らの立場を経験的自然主義、自然主義的経験主義、文化的自然主義などと規定した。初期のデューイはヘーゲルの影響を受けた有機体的観念論者であったが、ダーウィンの進化論、Ｗ・ジェイムズの機能心理学などの影響を受けて、ヘーゲルを自然主義化した。デューイの自然主義にはヘーゲルの影響が残っている。デューイは、科学的自然主義の実在概念、つまり歴史性、身体性、主観性による制約から解放された、それ自体で存在し、十全の意味をもつ実在という概念を否定した。

デューイは「自ら展開しつつある生の運動」というヘーゲルの実在概念を受け入れた。そうした実在においては、確実なものと不確実なものとが、ともに実在の構成要因になる。確実なものと不確実なもののとのせめぎ合いの中から実在が生成する。ただしヘーゲルの「自ら展開しつつある生の運動」の主体は精神（Geist）だが、デューイのそれは、進化論的に解釈された自然である。

デューイやG・H・ミード（一八六三―一九三一）の自然主義は「科学的知性を含む自然的知識を、自然史の文化的位相内部の創発的現象」として説明する、「全体論的で、文化に基づく有機体論的な自然史の哲学」である（Auxier, 1995, p. 182）。この哲学の特徴は次の通りである。第一に、自然についての知識は帰納的、確率的である。第二に、科学哲学は認識論的に歴史哲学に依存する。第三に、事実が価値の根拠なのではなく、価値が事実の根拠である（加賀、二〇〇二）。

デューイは自らの立場を「文化的自然主義」とも呼ぶ。この立場によれば、文化は自然進化の過程で創発した、自然の文化的位相であり、それと同時に当の文化的位相を通して、人間は自然認識にアプローチすることができる。文化と自然は相互制約的、循環的関係にあり、お互いは「創造的な緊張」関係のうちにある。

「創造的な緊張」の弛緩

デューイやミードの自然主義は創発的進化説に基づく。創発的進化説とは、形質の変化によって、従来とは質的に異なる行動が発現すると唱える説である。文化とは高度に組織化された条件の下で発現し、その存続のために特殊な環境を必要とする、自然の存在様式である。デューイやミードにおいて自然と文化の「創造的な緊張」は進化論的自然主義を基礎としていた。しかし彼ら以降、ダーウィン的世界観が消え、それとともに自然と文化の創造的緊張も弛緩して、還元主義的な自然主義が支配的になった（Auxier, 1995）。その一つは文化の自然への還元であり、これはW・V・O・クワインの自然主義に見て取ることができる。逆にR・ローティは一面で機械論的な自然主義を残しながら、他面では言語的観念論とでも呼べる、ロマン主義的方向に向かった。クワインとローティについては第Ⅱ部で考察されているので、本章では自然主義との関連で簡潔に考察する。

クワインの自然主義には、デューイやミードのような「文化と自然の創造的緊張」がない。クワインの自然主義は機械論的自然主義と言った方が正確である。その自然主義は次のように主張するであろう。第一に、真理についての説明は因果的である。第二に、因果的な説明は物理的なものの集合によって行われる。第三に、心的なもの、文化的なものについての説明、分析は物理的なもの、因果的なものによってパラフレーズされる。第四に、以上の条件を満足しない探求、主張、説明——とりわけ認識論的説明は無意味である（Margolis, 2002）。

クワインが機械論的自然主義に向かったとすれば、ローティはデューイの反本質主義、反基礎づけ主義、民主主義、ダーウィニズム、実践の優位の思想を受け継ぎながら、独自のロマン主義的プラグマティズムを展開した。

ローティは自らを「心からの自然主義者」とか「非還元的な物理主義者」だと言う。しかし言語から独立した自然（N）と言語（L）の関係は、「NはLを真にする」という正当化の関係ではなく、因果関係である。言語は世界による認識論的制約から解放される。そしてローティは言語の自律をヘーゲルの歴史主義と結びつける。この思想はローティからR・ブランダム（一九五〇— ）に受け継がれる。しかしブランダムのヘーゲル主義が合理主義的であるのに対して、ローティのそれはハイデガーをはじめとする、ヨーロッパ大陸の哲学の影響を受けて、絶えざる美的自己創造という、ニーチェ主義的な方向に向かう。

3 リベラルな自然主義の復興

リベラルな自然主義の諸相

デューイやミードにおける「文化と自然の創造的緊張」は、クワインやローティによって一旦は弛緩する。しかし「文化と自然の創造的緊張」を唱えるのが、プラグマティズムの基本精神である。プラグマティズムにおける「文化と自然の創造的緊張」は、クワイン、ローティ以後に復興した。そのような自然主義は「リベラルな自然主義」と呼ばれる場合がある。科学的自然主義、科学的実在論は「規範的なもの」を実在から除外するが、「リベラルな自然主義」は、心、志向性、様相、「規範的なもの」を消去不可能なものだとしつつ、自然主義を維持しようとする（Caro and Macarthur, 2010）。「リベラルな自然主義」は自然科学的な方法だけでなく、社会科学と人文科学を含む幅広い認識方法を認めるが、超／非自然的なものが、物的対象や規範的なものの説明に介入することを拒否する。

「リベラルな自然主義」に分類できる哲学者には、H・パトナム（一九二六—二〇一六）、J・マクダウエル（一九四二— ）、B・ストラウド（一九三五— ）、T・スキャンロン（一九四〇— ）、H・プライス

（一九五三―　）などが含まれる（Putnam, 2016）。これらのうち、プラグマティストと見なされるのはパトナム、マクダウェル、プライスである。それに加えてわれわれは、J・ハーバーマス（一九二九―　）を、この立場に含めたいと思う。ハーバーマスは自らの立場を「カント的プラグマティズム（der kantische Pragmatismus）」と規定するとともに、「弱い自然主義（der schwache Naturalismus）」の立場をとるからである（Habermas, 1999）。パトナムについては前章で考察されているので、本節ではハーバーマスの立場について考察し、次節でマクダウェルとプライスを取り上げる。

ハーバーマスと弱い自然主義

パトナムの内在的実在論は、正当化を基礎として真理を規定する。もっともパトナムにとっての正当化は、その都度の経験的正当化ではなく、理想的条件における正当化である。しかし正当化を基礎として真理を規定することは、認識の問題を通して実在の問題にアプローチすることにつながる。それはパトナムが観念論に近づくことを意味する。

しかしパトナムの基本的立場は実在論である。科学の主張はたとえ実証できず正当化できなくとも、真である。つまりパトナムは科学的実在論者である。それと同時にパトナムは常識的実在論者でもある。パトナム哲学の基調は科学的実在論と常識的実在論を同時に受け入れられる理論枠組みを構築することである。パトナムにとって内在的実在論は観念論に近づきすぎたので、後にジェイムズの影響を受けて自然的実在論を唱えるようになった（cf. Putnam, 1999）。

ハーバーマスの「カント的プラグマティズム」はパトナムの内在的実在論と一脈通じる立場である。

ハーバーマスは近代哲学史を「脱超越論化」の過程として描く（Habermas, 1988）。「脱超越論化」の過程が進行すると、歴史的時間と社会的空間に常にすでに埋め込まれている言語能力と責任能力をもつ多数の主体が、それ以上遡ることができない哲学的出発点となる。カントの無世界的、非歴史的な超越論的主観は、もはや受け入れようもない。脱超越論化を推し進めると相対主義に接近するが、当然ながらハーバーマスは、相対主義には与しない。そこでハーバーマスは「理想化」という概念を導入する。

「理想化」の意味について考えてみよう。哲学の脱超越論化の結果、理論的な営みは、実践的な発生連関、使用連関に組み込まれる。この結果ハーバーマスは、実践の優位というプラグマティズムの思想に近づく。しかしハーバーマスは、行為主体は有限であり世界内部的な存在者であるとしても、「世界産出的自発性を完全に失わない」ことが大切だと考える。つまり行為主体は「内側からの超越」の契機を保持しなければならない。この「内側からの超越」の運動が理想化である。この運動が真理概念に適用されると、真理は、連続的に続く正当化過程を規制する理念として理解される。ハーバーマスは、哲学の脱超越論化と実践の優位を受け入れる点ではプラグマティズムに近づくが、「理想化」と「内側からの超越」の契機を残す点でカントと結びつく。

ハーバーマスはまた「弱い自然主義」の立場に立つ。「弱い自然主義」は、クワインの「厳格な自然主義」とハイデガーの「存在史的観念論」の中道を志向している。クワインの「厳格な自然主義」は、超越を内在に、規範を事実に還元し、世界と世界内部的なものの超越論的差異を解消する。一方、存在史的観念論は、言わば内在を超越に還元する。ハイデガーは可能的経験の対象を産出する超越論的自発性を、言語の世界開示的機能と同一視する。その結果、超越論的主観の不変の意識は、その時々の支配的な言語に書き込まれた「諸存在論の歴史的変転」になる (Habermas, 1999)。ハーバーマスは「厳格な自然主義」と「存在史的観念論」の中道を志向する。つまり世界と世界内部的なものの超越論的差異を堅持しながらも、それをダーウィン的な進化論的自然主義に結びつける。ハーバーマスの「弱い自然主義」は、自然主義と両立する程度にカントを脱超越論化するとともに、カント主義と両立するほどにまで自然主義を弱める。

4　現代プラグマティズムの自然主義――マクダウェルとプライス

現代プラグマティズムとセラーズ

マクダウェルやブランダムといった現代のプラグマティストは、W・セラーズの影響を受けている。ローティによれば、セラーズは分析哲学を、そのヒューム的段階からカント的段階に先導した人である。古典的経験論は心が世界と直接に接触するところに、知識の基礎を置いた。それに対してカントは概念のない直観は盲目だと言った。カントは知識の基本形態を、直観と概念が結びついた判断に置いた。このカントの洞察が、セラーズにおける意識に対する「所与の神話」の批判、自然の論理空間と理由の論理空間の区別に受け継がれた。

そしてブランダムは、分析哲学をそのカント的段階からヘーゲル的段階に先導した人だと言われる。ブランダムはヘーゲルの洞察を受け継ぎつつ、公共的 - 歴史的な言語的推論実践による文の自律的創造を重視する、合理主義的なプラグマティストである。

マクダウェルと自然主義

しかし自然主義との関連で興味深いのは、マクダウェルである。マクダウェルもまた、セラーズの影響下で自然の論理空間と理由の論理空間を区別するとともに、「最小限の経験主義」を唱える。「最小限の経験主義」が必要なのは、われわれの判断の真偽を確定する場としては、経験という法廷しか存在しないからである。

経験主義を維持するには、次のようなディレンマに対処しなければならない。第一に、判断の真偽を確定するためには、経験という法廷が不可欠である。しかし経験の法廷が自然の論理空間から構成されているならば、その法廷で判断の真偽を確定することはできない。そこで第二に判断の真偽の場を理由の論理空間とし、D・デイヴィドソンのように、ある判断の真偽を決定するのは他の判断だけだと主張するならば、整合主義に陥る。

このディレンマを解決する方法はあるだろうか。一案としては、整合主義の立場をとりながら、判断と物理的世界との関係を因果関係に限定し、判断の領域と物理的領域の因果関係は概ね良好だと主張することである。もう一つの案は、理由の論理空間を自然の論理空間に還元する、「大胆な自然主義」を主張することである。

マクダウェルは第三の方針を採用する。それによれば、経験は受動的ではあるが、そこでは知性が常にすでに作動している点では能動的であって、そのような受動と能動の協同の結果として経験的世界は実在するというものである。この経験的世界の捉え方だと、自然科学によって脱魔術化されたはずの自然が、再魔術化されるようにも見える。しかしマクダウェルは「大胆な自然主義」には依拠せず、また理由の論理空間をイデア的普遍者とするような「過激なプラトン主義」もとらない。

マクダウェルは、理由の論理空間を、われわれの習慣形成を通して現れた「第二の自然（the second nature）」だと考える。第二の自然の生成過程は“Bildung”（陶冶）という語句で表現される。「陶冶はわれわれのような動物種が正常に成熟していく場合の一要素である」（McDowell, 1994, p. 88）。マクダウェルは陶冶を通した理由の空間の生成という考え方をアリストテレスとヘーゲルから受け継いだ。

プライスにおける客体自然主義と主体自然主義

本章の最後に、最近のプラグマティックな自然主義を検討する。それはプライスの自然主義である。プライスはヒュームとウィトゲンシュタインから影響を受けた。

プライスの基本的立場は、第一に哲学は対象とその本質についての問いにではなく、言語的問題にかかわるということである。第二に反表象主義の立場に立つことである。これら二つはローティと共通である。しかしローティのように客観性を連帯に還元することはしない（Bacon, 2012）。またプライスの哲学は、形而上学的な問題については「静寂主義的な哲学（quietist philosophy）」である。これは存在の本質についての形而上学的学説と反形而上学的な学説を、ともに否定し、形而上学的問題自体を「脇に置く（set aside）」立場である。

プライスの基本的立場から、自然主義問題に対して、どのように接近できるだろうか。科学的自然主義、科学的実在論は科学的学説ではなく形而上学的学説である。反科学的自然主義、反科学的実在論もまた、裏返しの形而上学的学説である。プライスはどちらの学説も「脇に置く」。その代わりにプライスは「表象主義のない自然主義」を主張する。

「表象主義のない自然主義」とは、どのようなものだろうか。プライスは自然主義を二種類に分ける。第一の自然主義は、存在論的には、存在する一切のものは科学によって研究されると主張し、認識論的には、すべての真の知識は科学的知識であると主張する。プライスはこの自然主義を、客体自然主義（object naturalism）と呼ぶ。この自然主義は、客観的な実在の本質についての学説である。

もう一つの自然主義は主体自然主義（subject naturalism）である。この自然主義によれば、哲学は科学がわれわれ自身について語ること、つまり人間は自然の被造物であることを出発点にしなければならない。そして哲学の主張がこの出発点と対立するときには、哲学は自らの主張を取り下げるべきである。プライスによれば、主体自然主義はヒュームの意味での自然主義である。ヒュームの自然主義は、人間本性（human nature）についての知識は、経済、政治、宗教、道徳などの人間的、社会的現象を理解するための基本であるだけでなく、物理的自然についての知識の基本でもあると説く。

科学的自然主義、科学的実在論は客体自然主義である。この立場からすれば、客体自然主義から主体自然主義が容易に導き出される。なぜなら実在が自然科学の対象であるならば、実在の一種である人間もまた自然科学の対象だからである。しかしプライスは主体自然主義の優先性を説く。プライスの基本的主張は次の二つに集約される。

位置づけ問題

第一に、主体自然主義は、理論的に客体自然主義に優先する。なぜなら客体自然主義は、主体自然主義の視座からの承認に依存するからである。

第二に、客体自然主義の前提が、主体自然主義の精査に耐えられるかどうかは、きわめて疑わしい。プライスの主張の要点を述べよう。プライスが問うのは位置づけ問題である。これはすべての存在が自然的だとすれば、道徳、数学、意味などにかかわる事実は自然的実在の、どこに位置づけられるかという問題である。客体自然主義の枠組みを維持しながら、これらの事実を自然のうちに位置づけることには困難が伴う。

そこで自然主義を退けようとすれば、客体非自然主義（object nonnaturalism）をとるか、客体自然主義とは異なる自然主義を考えるかである。プライスは主体自然主義を採用する。なぜなら位置づけ問題の発端は、言語使用の問題だからである。「いかにしてXは自然的事物でありうるか」という問いは、Xに関する言語使用についての問いである。プライスは、当面する位置づけ問題を言語使用の問題と見なして論を進め、それが客体自然主義に対して何を意味するかを検討し、さらに客体自然主義が選択肢となりうるかを問う。

前述のように、位置づけ問題は人間の言語行動の問題である。その問題を存在の問題に変えるのは、言語についての特定の考え方――言語は、非言語的な対象を表象し、指示するという考え方――が前提になっている。つまり客体自然主義は、「実体的な『語‐世界』の意味論的関係が、われわれの適切な語句使用についての、最良の科学的説明の一部だ」（Price, 2011, p. 190）という前提に基づいている。この前提は人間の言語行動についての前提――つまり主体自然主義にかかわる前提である。こうして客体自然主義の妥当性は、人間の言語行動にかかわる主体自然主義的前提に依存する。

プライスの客体自然主義批判の要点は、表象主義的な意味論が疑わしいということである。プライスによる表象主義的な意味論の否定は、ローティとブランダムに連なる。プライスによる、その否定の詳細は省くが、結論部分には触れておく。

表象主義的意味論が否定されるならば、残る事実は、人間が多様な言語行動を展開するということであり、考察すべき問題は、多様な言語ゲーム——たとえば価値についての話題と電子についての話題——が、われわれの生においてどんな役割を果たしているのかを説明することである。多様な言語ゲーム間の接合は多様な行動間の接合であって、それは客観的世界の存在論とは関係がない。多様な言語ゲームは、どれか一つに還元されるのではなく、相互に還元不可能である。この点でプライスは多元主義者である。

こうしてプライスは、ヒュームとウィトゲンシュタインに由来する主体自然主義の立場をとり、科学的自然主義や科学的実在論の客体自然主義を退けるのである。

［参考文献］

加賀裕郎「自然主義的プラグマティズムの展開」、『理想』、六六九号、理想社、二〇〇二年、四七—五六頁。
——『デューイ自然主義の生成と構造』、晃洋書房、二〇〇九年。
野家啓一「『反自然主義』としてのプラグマティズム」、『現代思想』、第四三巻第一一号、青土社、二〇一五年、二一六—二三一頁。
Auxier, R., "The Decline of Evolutionary Pragmatism in Later Pragmatism", *Pragmatism: From Progressivism to*

Postmodernism, eds. by R. Holinger, and D. Depew, Praeger, 1995.
Bacon, M., *Pragmatism: An Introduction*, Polity, 2012.
Caro, M. De and Macarthur D. (eds.), *Naturalism and Normativity*, Columbia University Press, 2010.
Habermas, J., *Nachmetaphysisches Denken: Pilosophische Aufsätze*, Suhrkamp, 1988.（J・ハーバーマス『ポスト形而上学の思想』、藤沢賢一郎・忽那敬三訳、未來社、一九九〇年）
———, *Wahrheit und Rechtfertigung: Philosophische Aufsätze*, Suhrkamp, 1999.（J・ハーバーマス『真理と正当化——哲学論文集』、三島憲一・大竹弘二・木前利秋・鈴木直訳、法政大学出版局、二〇一六年）
Margolis, J., *Reinventing Pragmatism: American Philosophy at the End of the Twentieth Century*, Cornell University Press, 2002.
McDowell, J., *Mind and World*, Harvard University Press, 1994.（J・マクダウェル『心と世界』、神崎繁・河田健太郎・荒畑靖宏・村井忠康訳、勁草書房、二〇一二年）
Price, H., *Naturalism without Mirrors*, Oxford University Press, 2011.
Putnam, H., *The Threefold Cord: Mind, Body, and World*, Columbia University Press, 1999.（H・パトナム『心・身体・世界——三つ撚りの綱／自然な実在論』、野本和幸監訳、関口浩喜・渡辺大地・入江さつき・岩沢宏和訳、法政大学出版局、二〇〇五年）
———, *Naturalism, Realism, and Normativity*, ed. by M. De Caro, Harvard University Press, 2016.

第12章　二〇世紀教育理論
――理想的実践主義から見た教育理論

早川　操

1　二〇世紀アメリカ教育の変遷

自立的に考え行動できる人間の育成

アメリカ教育は、二〇世紀を通じて世界に影響を与えた。二〇世紀前半においてアメリカ教育は世界の国々から注目を浴び、とりわけ第二次世界大戦後はその影響が全世界に広まった。わが国においては、アメリカ占領軍が民主主義教育のモデルを提示することによって、戦後教育のあり方に方向性を示した。その基本方針は、民主主義教育を通じて自立した日本人の育成や民主的な社会の実現をめざすことであった。民主主義教育の基本方針は、一人ひとりが自立的に考え行動できる人間になる学校教育を提供することによって、自立的主体的な市民を育成することであった。

そのための学習方法として当時のアメリカ教育界からもたらされたのが、反省的思考の学習すなわち問題解決学習であった（デューイ、一九七五）。生きた具体的な状況の中で問題と向き合い、その改善策や解決を通じて考え行動できる子どもを育てることが、わが国の戦後教育の目標として広がった。この考え方には、自分で考え行動できるフロンティア社会に生きるアメリカ個人主義の人間像が反映されていた。このような人間像は、一九六〇年代以降の高度経済成長に伴なう学校教育の大衆化によって系統的な知識学習が支配的となり、後退を余儀なくされた。しかし、その後二〇世紀後半においてもこの考えは復活し、現在も根強くその命脈を保っている。この人間像は、二一世紀グローバル社会で活躍するための新たな教育を模索する中で再び脚光を浴びている。

公正な社会実現のための教育

二〇世紀アメリカ教育のもう一つの流れは、いかにして公正で幸福な社会を構築するかということであった。アメリカは、二〇世紀前半の一九三〇年代初期に大きな社会的危機に直面した。大恐慌と呼ばれる経済的危機がもたらした社会的混乱と貧困の問題である。この社会問題を解決するために、学校教育を通じての社会改革が注目を浴びた。当時のアメリカ教育における主流の理念は個人の自立をめざす教育であったため、社会改革志向教育の提案は論争の的となった。学校教育は社会改革・変革の役に立つという考え方は、二〇世紀後半になっても継承された。それぞれの時代の社会状況は異なるものの、社会変革を推進する手段としての学校教育という考え方は一九六〇年代以降のアメリカ社会においても注目された。一九六〇年代中ごろには、格差や不平等を積極的に改善するために「アファーマティブ・アクション」という差別改善のための政策行動が導入された（ラヴィッチ、二〇一二）。それは、連邦政府からの介入や指示には慎重なアメリカ国民が受け入れた革新的な社会政策である。これまで五〇余年にわたって実施されてきたこの政策は、社会正義実現のために今後も継承されていくであろう。

反知性主義教育との戦い

さらにもう一つ、見逃してはいけないアメリカ教育理念の流れがある。それは、新しい科学的知識の学習や高度な知性や学力の教育などを追求する卓越性や質追求の動きである。この考え方は、知識や知性の教育や知性的な生き方を重視するため「知性主義」と呼ばれる教育観である（ホーフスタッター、二〇〇三）。この流れは、学校教育における基礎知識や学力の学習、西洋的教養としての文化的リテラシーの教育、最先端の科学的知識の教育、エビデンスに基づいた評価による学力の質保証などに見出すことができる。

二〇世紀前半の学校教育においては、3R's を中心とした基礎知識の学習や西洋文明中心の知識の学習を重視する教育が主流を占めていた。ソヴィエトとの宇宙開発競争が話題となった一九五〇年代から六〇年代にかけては、最先端の科学知識の学習や教科書内容の高度化が展開された。一九八〇年代以降は、世界的な経済競争のために必要な優秀な人材の育成をめざす教育改革が実施され、学校教育の質的向上や生徒の学力向上をもたらすためのさまざまな改革が展開されている。

アメリカ教育には、知識や知性を重視する知性主義よりも、知性的な生き方に反対し生活の役に立つ行動や実践を重視する「反知性主義」的な傾向が潜んでいると批判される（ホーフスタッター、二〇〇三）。しかし、アメリカ教育の根底には、理念と行動を結合させることによって現実の状況を改善するプラグマティズムの「理想的実践主義・実践的理想主義」が根づいている。二〇世紀のアメリカ教育理論は、さまざまな教育改革の方向性を示すとともに、具体的状況や実践から課題を汲み取り、理念や理想に照らし合わせることによって教育の改善に取り組んできた。以下において、二〇世紀に展開された代表的な教育理論の特徴を検討してみよう。

2　二〇世紀前半の教育理論——デューイ・パラダイムの展開

児童中心主義教育とデューイ

二〇世紀初期アメリカの教育はヨーロッパにおける新教育運動の影響を受けて、児童中心主義の教育が普及していた。アメリカの児童中心主義教育は進歩主義（革新主義）の流れに属すると見なされ、その最盛期には進歩主義教育そのものであると見なされた。進歩主義は、さまざまな社会問題や課題の解決のために新しい科学の研究成果や知識を応用することで社会の改善に取り組んだ運動である。アメリカにおける児童中心主義教育は一九一〇年代が最盛期で、一九二〇年代にはさまざまな弊害が批判され、一九二九年の大恐慌を境に社会改革・改造のための教育が提案されるようになった（ラヴィッチ、二〇〇八）。児童中心主義教育の特徴は、子どもの興味・自発性・自主性を大切にして活動中心のカリキュラムを開発し、問題解決学習や芸術的表現の活動を取り入れたことである。理想の子どもを育てるための教育として活動中心のカリキュラムや教育方法を開発する考えは、理念と行動の結合をめざすプラグマティズム精神の特徴でもある。

このプラグマティズムの教育的理論を構築したのが、J・デューイである。デューイは二〇世紀初期の学校教育における教師中心・教科書中心の教育を批判して、現実状況の課題を解決するためのアイデアを考えて行動によって試すという「反省的思考」による教育を提唱し、自らもシカゴ大学附属実験室学校の校長として実践に取り組んだ。一九三〇年代になってデューイはこの時期の教育を振り返り、児童中心主義教育が楽しい活動に終始して、子どもの経験の連続性や他の子どもたちとの協働経験を展開するための思考と行動の融合をおろそかにしたことを指摘した（デューイ、二〇〇四）。

進歩主義教育の流れの中で、デューイ自身も興味・思考・実験的行動の役割を重視する反省的思考の学習を提案したため、児童中心主義教育の流れに属すると分類されているが、彼の教育理論はそれだけにとどまらない。反省的思考は日常生活・学校教育・職業生活と連続するすべての状況で活用される知的道具であり、子ども期だけでなく成人になっても使い続ける。また、学校での学習だけでなく、家庭・職場・共同体の活動においても生かすことのできる学習方法である。反省的思考は人間を成長させる実験的で協働的な学習過程であり、そこでは「専心的な作業・仕事（occupation）」が繰り広げられる。

デューイの教育理論は変化する社会における人間の知性の働きに注目したため、時代が変わっても社会体制が異なっても繰り返し言及される。子どもから大人に至るまで自らの個性を追求することが求められるようになった現代こそ、デューイの教育理論が求められる時代と言えよう。それは子どもにとっても大人にとっても、生きた状況の中で働く反省的思考による自己形成力と状況変容力を育てるための教育理論なのである。

社会改革・変革のための教育

進歩主義教育のもう一つの流れは、一九三〇年代以降に顕著になった社会改革のための教育運動である。一九二九年の大恐慌を境にして、アメリカの教育者はそれまでの個人中心の教育を批判した。G・S・カウンツ（一八八九―一九七四）は「学校は新たな社会秩序を打ち立てることができるか」という論文で、アメリカの経済的苦境を脱するための集産主義的計画経済の確立のために協働的な教育のあり方を提案した。デューイもこの主張に呼応して、欲望むき出しの個人主義を批判するとともに、社会問題解決の一環として絶えず計画・変革し続ける社会構築のための教育を強調した。それは人間の反省的思考が社会的状況での活用によって鍛えられるとともに、状況の変容にも関与できるという信念の表明であり、デューイは個人が協働し、各自の知性を組織化して社会問題の解決に取り組むこの立場を「再生し続けるリベラリズム」と呼んでいる。この見解には、人間の知性は個人の幸福だけでなく社会の福利に貢献することで開花する、という人間知性への信念が反映されている。

このように一九三〇年代以降におけるプラグマティズムの教育理論は、社会改革や変革の手段としての教育を強調した。それは経験を絶えず再構築する反省的な知性のラディカルな側面を強調し、二〇世紀後半へと続く急進的な教育理論の前例となった。民主主義は多義的な概念であると言われるように、多様な理念を包摂する。二〇世紀前半のプラグマティズム教育理論は、時代の変化とともに絶えず創られていく民主主義の理想を織り込んだものであり、流動する社会状況の中で人間の知性を鍛える実践的な理論である。

二〇世紀後半の児童中心主義教育と社会変革のための教育

プラグマティズムの教育理論を代表する二つの流れは、その後に続く児童中心主義と社会改革主義という理念の基調を形作った。一九六〇年代には、私立学校が中心となったフリー・スクール運動や公立学校におけるオープン・スクール教育などのブームや、I・イリッチ（一九二六―二〇〇二）の脱学校論やC・ベライター（一九三〇― ）の学校死滅論などへの関心によって、児童中心主義の教育に再び注目が集まった。この時代の学校教育批判の特徴は、学校が子どもを型にはめることにより自主性・関心・個性を育てる機会を奪っていると批判して、児童の活動を中心とした教育を展開したことである。

また、この時期にはブラジルでの農民識字教育に取り組んだP・フレイレ（一九二一―九七）の教育理論がアメリカの教育学者にも影響を与え、批判的教授学と呼ばれる急進的な社会変革をめざす教育理論がH・ジルー（一九四三― ）などによって展開された。フレイレが実践した識字教育運動は、文字を読めない農民が教師とともに文字やことばを学ぶ過程で自らの課題状況に潜む抑圧や不平等について目覚めることにより、その問題の改善や解決に取り組む社会変革のための教育である（フレイレ、二〇一一）。文字の学習、現状の変革、主体性の発見を教育の中心に据えるフレイレの「解放と希望の教授学」はデューイ左派の理論と共通する部分があり、二〇世紀後半のアメリカ社会において差異・多様性・個性を強調するポスト・モダンの批判的教授学の展開に刺激を与えた。

3　二〇世紀後半におけるアメリカ教育理論の展開

正義・公正を求める教育改革

教育運動としての進歩主義教育は、一九五〇年代半ばには終息したと言われる。ソヴィエトとの冷戦が始まって以後の一九六〇年代におけるアメリカ教育を特徴づける動きは、平等を求める運動である。白人とアフリカ系アメリカ人を中心としたマイノリティの間には、学校教育においても差別や格差が存在し、裁判で争われてきた。当時の分離隔離政策を象徴することばとして「分離はするが平等(separate but equal)」があるが、教育における分離政策が全米の社会問題として浮上してきた。M・L・キング(一九二九—六八)に代表される公民権運動の推進により、差別をなくすための公民権法が一九六三年に制定された。その後、公民権法の庇護のもと、教育や雇用における差別廃止のための積極的な政策が実施された。この差別撤廃のための政策は「アファーマティブ・アクション」として知られることになり、連邦裁判所の判決などを通じてマイノリティの人々の生活向上のために貢献した。この政策は、現実の社会問題状況を解決するためのアクション・プランの実施により問題状況を改善する、というプラグマティズムの理想的実践主義の考えとも共鳴するものである。

一九七〇年代には当時のアメリカ社会の知的関心の表明として、J・ロールズ(一九二一—二〇〇二)の『正義論』が出版され、全米だけでなく世界の国々にも正義に基づいた公正な分配などの考えが広まった。アファーマティブ・アクションは、女性やアフリカ系アメリカ人を中心としたマイノリティの社会的地位の向上のために幅広く適用され、教育や雇用を通じて白人男性とマイノリティの間の不公平な格差が是正され始めた。この不均衡の修正は、大学・大学院への入学や就職にあたって、達成された業績とともに、マイノリティであることに配慮する措置によって実施された。しかし、アメリカ社会の主流に属する白人男性にとっては、学業成績や達成成果よりもマイノリティという属性が優先されるという結果が生じる場合には「逆差別」と映るようになった。一九七〇年代の医学大学院入学をめぐるバッキ判決では、「人種への配慮は合憲、特別割当枠《クオータ》の設置は違憲」という評決が下された。現在も、人種への配慮に留意しながら、平等推進の政策がとられている。

一九八〇年代以降の基準と選択に根ざした教育改革運動

アメリカ社会では、人種間の不平等という社会問題の解決に取り組むため、教育とりわけ学校教育には期待が寄せられている。この期待の背後には、アメリカの子どもの平均学力は世界の子どもと比較しても低い、生徒間の学業成績のギャップが大きい、という悩みがある。一九八三年に出版された『危機に立つ国家』から始まった全米の子どもたちの学力向上をめざす教育改革は、あらゆる子どもたちの学力を伸ばすための教育政策を推進することとなった。学力向上という目標を追求する学校教育改革が、二〇世紀後半のアメリカ教育の理想として登場した。

この改革には二つの焦点がある。一つは多くの生徒や保護者が自分たちの好みや価値観に応じて選ぶことができる「選択（choice）」に根ざした教育改革であり、もう一つはテストスコアなどの数値を目標とする「基準（standards）」に根ざした教育改革である。これまで国際比較テストでのアメリカの子どもたちのスコアが低いことは、公立学校教育の失敗の証拠として批判されてきた。その後、学校教育の改善のためにはテスト成果に基づいた国家的な基準が必要だという提案が承認され、一九九二年から始まった全米テストによって、テストスコアに基づいた学校教育の評価に注目が集まるようになった。テストスコアによる基準の設定は、生徒全員が高得点を獲得することと、テストスコアが毎年向上していくことが望ましいという結果をもたらした。さらに、テストスコアは、成績の良い学校とそうでない学校との間の序列化を浮き彫りにし、学校や教師にとっては厳しい要求と試練がもたらされた。

一九八〇年代から始まった教育改革では、テストスコアがアメリカ人の好むエビデンスに根ざした改革の指標となり、多様な取り組みの価値もこの指標によって評価されるようになった。たとえば、学校選択で、保護者が公立学校の選択をしたり、バウチャーを利用して私立学校を選んだり、チャーター・スクールを選んだりする。チャーター・スクールはカリキュラムや教育方法などで大幅な自由が認められるが、公的な財政支援を受けているため説明責任があり、その教育努力や成果はテストスコアの向上によって評価されることになる。また、一部のチャーター・スクールでは、テストスコア向上のために、学業成績が望ましくないマイノリティの子どもや障がいのある子どもが排除される弊害も生じている。

さまざまなアイデアを試して何がうまく働いたかは多様な基準や指標で測定・評価されるはずであるが、テストスコアが唯一絶対の評価基準となっている学校教育の現実は皮肉である。一九八〇年代以降のアメリカの学校教育ではプラグマティズムの実践的知性という理想が後退し、子どもたちの知性をテストスコアという限定された道具で測定するようになった。二〇世紀後半の教育における多様性と統一のバランスは、テストスコアがさまざまな教育改革案を評価する基準となることで画一的な方向に向かったと言えよう。

4　新たな教育理論の探索――反省的実践・ケア・越境の教育学

二〇世紀後半のアメリカ教育改革が進展する中で、いくつかの注目すべき教育理論が展開された。そのような代表的な理論として、デューイの反省的思考の流れを引き継ぐD・ショーン（一九三〇―九七）の反省的（省察的）実践論、子どもの成長と幸福を見守り促進するN・ノディングズ（一九二九―　）のケアの理論、教育改革と社会改革の連動を提唱するジルーの批判的教授学を検討してみよう。

ショーンの反省的実践論

ショーンの反省的実践論は、哲学、心理学、経営学などで受容され展開されている。反省的実践はデューイの反省的思考の方法を継承し、日常の活動から専門職の活動や組織的な活動まで広がるさまざまな問題解決に対処するために「反省（省察）と実践」を活用して解決への道を発見する学習方法である。「行動的直観」と呼ばれる反省作用は、問題を見つけるときやアイデアを思いつくときの洞察・直観などの働きとして、「直観的行動」という実践活動は、問題を解決する際のアイデアを生かすための巧妙さや器用さとして機能する（ショーン、二〇〇七）。反省的実践は、学校・集団・企業など日常生活から専門職の活動に至るまであらゆる人が使っている学習方法である。教育においては大学での教員養成や学校の教授学習方法として普及しているため、「反省的転回」がもたらされたと言われる。

ノディングズによるケアの理論

正義や公正を求める教育の動きとのかかわりで新たに登場してきたのは、ケアの理論である。二〇世紀後半のアメリカ教育がめざす理想の社会像として「公正でケアする社会（just and caring society）」という表現がある。それは六〇年代中ごろからの正義をめざす教育の動きとともに、関係性・共感・対話の教育を融合する理想的な社会を意味する表現である。ノディングズは、ケアする人とケアされる者との間で展開される配慮・働きかけ・支援の特徴を分析することにより、ケアが人間関係を継続させる原動力となっていることを指摘した（ノディングズ、一九九七）。ケアされる者がケアされる庇護の経験を受ける中で、自分で自分のことをケアして自立できるように努力する。その努力がケアする人にとっての励ましとなり、ケアや教育の営みが継続される。このような関係を経験することによって、ケアされる者がやがて自らケアできる人間へと成長していく。

ケアは基本的には人間への配慮や世話の働きであるが、それがわれわれを取り巻く周囲の事柄や出来事に向けられるとき個人的な関心や志向性となる。学校教育で習得する知識は、子どもの知的志向性としてのケアの働きとして捉えることができ、それは自己・他者・知識やアイデア・自然環境・近隣の共同体・世界への関心やかかわりとして学習される（ノディングズ、二〇〇七）。学校におけるカリキュラムは、子どもと教師がそのような知的関心を広げる活動や経験（ケアの活動）と考えることができる。ノディングズのケア論は、人とのかかわりだけでなく人間の知的で協働的な経験全体を説明する教育理論でもある。

ジルーの批判的教授学

さらに多文化状況における人間の行動力の拡張を提案するのが、ジルーの批判的教授学である。批判的教授学の出発点は多様な差異や他者性が組み込まれた多文化社会アメリカである。ジルーの教育理論は批判的教授学や越境教授学と呼ばれるように、多文化社会アメリカにおける差別・抑圧・不平等の現実を批判的に読み取ることを学び、自らの置かれた立場や状況の枠組みを超えて協働し、その枠組みを組み替える「越境的行動」を提案する（ジルー、二〇一四）。

差異や他者性は、自らの認識の枠組みをカッコに入れて見直すきっかけを与えてくれる試金石であり、個人にとっての自己形成や学習は絶えざる越境的行動に見出すことができるというのが越境教授学の基本的考えである。抑圧された世界から自由と平等を求めて移民する人々が増え続けるアメリカ社会は、これからも新たな差異・価値・意味が持ち込まれ創造される越境教授学の実験場でもある。越境教授学にとっては、現実の教育を改善するための理想的政策の提案や具体的な取り組みを展開することが今後の課題となる。

5　新たな時代のプラグマティズム教育理論

二〇世紀のアメリカ教育は、民主的な社会に生きる市民の育成という理想実現のために多彩なアイデアを提案し、その可能性を行動や実践によって実験してきた。教育の改善を、アイデアと行動の融合、理想と実践との往還によって確かめるという理想的実践主義・実践的理想主義は、プラグマティズムの伝統に基づく考え方である。また、すべての子どもが優れた教育を平等に受けることができるという二〇世紀アメリカ民主主義教育の理想は、プラグマティズム教育が追求した理想でもある。

二一世紀に入っても人口が増え続け、多民族化や多文化化がさらに進んでいるアメリカにおいて、プラグマティズム教育の理想的実践主義・実践的理想主義は、民主主義教育の理想の具体化のために奉仕するであろう。多民族化や多文化化が進むということは理想や価値が多様化することであり、人々の感じ方、考え方、生き方もさらに多様化する。その過程では、多様な理想や価値が衝突し分裂することによって葛藤や問題が生じる。二〇世紀アメリカのプラグマティズム教育がそうであったように、理想的実践主義・実践的理想主義は多様な価値の調整に取り組み、現実と理想との距離を縮める役割が求められるであろう。二一世紀アメリカのプラグマティズム教育が、世界を動かす優れた教育理念や実践をさらに開拓するのを見守りたい。

［参考文献］

D・ショーン『省察的実践とは何か――プロフェッショナルの行為と思考』、柳沢昌一・三輪建二監訳、鳳書房、二〇〇七年。

H・ジルー『変革的知識人としての教師――批判的教授法の学びに向けて』、渡部竜也訳、春風社、二〇一四年。

J・デューイ『民主主義と教育』上・下、松野安男訳、岩波文庫、一九七五年。

――『経験と教育』、市村尚久訳、講談社学術文庫、二〇〇四年。

N・ノディングズ『ケアリング――倫理と道徳の教育　女性の観点から』、立山善康他訳、晃洋書房、一九九七年。

――『学校におけるケアの挑戦――もう一つの教育を求めて』、佐藤学監訳、ゆみる出版、二〇〇七年。

P・フレイレ『新訳　被抑圧者の教育学』、三砂ちづる訳、亜紀書房、二〇一一年。

R・ホーフスタッター『アメリカの反知性主義』、田村哲夫訳、みすず書房、二〇〇三年。

D・ラヴィッチ『学校改革抗争の一〇〇年――二〇世紀アメリカ教育史』、末藤美津子・宮本健志郎・佐藤隆之訳、東信堂、二〇〇八年。

――『教育による社会的正義の実現――アメリカの挑戦（1945-1980）』、末藤美津子訳、東信堂、二〇一一年。

――『偉大なるアメリカ公立学校の死と生――テストと学校選択がいかに教育をだめにしてきたのか』、本図愛実監訳、協同出版、二〇一三年。

第13章　現代教育

苫野一徳

1　転換期にある学校教育

二一世紀に入って以来、現代の学校教育は大きな転換期を迎えている。ひどく使い古された言い方をするならば、いわゆる「知識詰め込み」型の教育から、さまざまな知識・技能を駆使した「自ら考える」教育への転換である。

これは世界的な潮流であるが、そのとりわけ顕著な例は、ＯＥＣＤ（経済開発協力機構）が組織したDeSeCo（Definition and Selection of Competencies）プロジェクトによる、「キー・コンピテンシー」の定義に見られる。現代社会においてわれわれに必要とされる、主要な能力群のことである。

キー・コンピテンシーには次の三つが挙げられている。一つは「相互作用的に道具（言語・知識・情報）を用いる」能力、二つは「異質な集団で交流する能力」、三つは「自律的に活動する」能力である。

これらの観点は、ＯＥＣＤが実施している国際学力調査ＰＩＳＡテストにも取り入れられている。

こうした世界的な潮流の影響を受け、日本でも、二〇一三年、国立教育政策研究所によって「二一世紀型能力」が明確化された。これは、「思考力」を中核に、それを支える「基礎力」、そしてこの両者を方向づける「実践力」の三層構造からなるものである。

こうした二一世紀における教育の潮流は、「コンテンツ・ベースからコンピテンシー・ベースへ」という言葉でまとめることができる。つまり、どれだけの知識・情報（コンテンツ）をため込んだかよりも、それらを駆使して何ができるかという能力（コンピテンシー）が、今日求められているというのである。この認識は、大筋において、多くの教育学者や教育関係者に共有されていると言っていいだろう。

二〇一四年一一月、下村博文文部科学大臣（当時）は、中央教育審議会に対して行った諮問の中で、次の学習指導要領における「アクティブ・ラーニング」の充実を提案した（二〇一六年度改訂、二〇二〇年小学校、二〇二一年中学校、二〇二二年高等学校で全面実施の予定）。これを受けて、昨今の教育界はよくも悪くも「アクティブ・ラーニング・ブーム」とでも呼ぶべき現象に沸いているが、このアクティブ・ラーニングもまた、右のような時代の潮流に沿ったものである。

さて、本書の関心からすれば、以上のような教育のあり方の転換は、Ｊ・デューイをはじめとするプラグマティズムの教育思想家らによって、一〇〇年以上も前から訴えられていたものである。つまり今日の「コンテンツ・ベースからコンピテンシー・ベースへ」の転換の必要性は、デューイがこれを主張して以来、一〇〇年以上をかけてようやく広く認識されることになったと言えるのだ。そして実際、このような教育の転換が訴えられるようになったことで、デューイをはじめとするプラグマティズムの教育理論やいわゆる「新教育」の理論と実践には、今また大きな注目が集まっている。

そこで以下では、まず、なぜ今日教育の転換がこれほどにも強く求められるようになったのか、その背景について論じたい。そして続いて、この転換において、プラグマティズムの教育理論がどのように現代教育に寄与しうるか、具体的に提言することにしたいと思う。

知識基盤社会

一つ目の時代背景、それはいわゆる「知識基盤社会」の到来である。

「知識基盤社会」とは、ひと言で言うなら、かつての大量生産・大量消費が中心の産業主義から、知識・情報・サービスが中心の、ポスト産業主義へと変貌を遂げた社会のことである。

二〇世紀の経済社会では、テレビや洗濯機、車、住宅など、商品は大量に生産されまた消費された。しかし、すでに多くの商品が行き渡っている現代社会においては、かつてのような大量生産・大量消費はあまり成り立たなくなってしまっている。単純に言ってしまうなら、とりわけ先進諸国においては、モノはすでに有り余っているのだ。

そこで今日、経済の中心を占めるようになっているのが、新たな知識や情報を駆使したさまざまなサービス活動である。いわゆる〝ものづくり〟の現場においても、今日では、急速に進歩する知識や情報とまったくの無関係ではいられない。

このような社会の転換期においては、教育もまた大きく変わらざるをえなくなる。

産業主義社会においては、多くの企業が求める〝人材〟の多くは、一部の経営者層の指示の通りに、

「言われたことを言われた通りに効率よくこなす」ことができる労働者だったと言える。そのため、学校教育にも、子どもたちに「決められたことを決められた通りに勉強させる」ことが、ある意味では求められていた。そしてまた、その基準において子どもたちを〝選抜〟することにも、よい悪いは別にして、ある種の合理性があった。

しかしポスト産業主義社会（知識基盤社会）においては、企業はもはや単純な生産活動にのみ従事するわけにはいかなくなる。さまざまなサービスや付加価値を見出したり、地域住民や株主など、多様な人々の声に対応したり、また、経済のグローバル化や環境問題への取り組みなど、多くの新しい課題にも対応しなければならなくなっているのだ。

このような環境においては、企業が従業員に求める力ももちろん変わってくる。大企業に限らず、われわれの多くは、「言われたことを言われた通りにこなす」だけでなく、自ら学び、考え、また多様な人たちと協同して課題を解決していける、そのような力が求められるようになっているのだ。

企業で働く人たちばかりではない。それは、農業や漁業といった分野においても、また医者や教師といったさまざまな専門職にも、今日これまで以上に求められている力である。

種々の専門知識は、現代において急速に進展し続けている。そしてまた、複雑化する現代社会においては、専門家はその専門内部だけに閉じこもっているわけにはいかず、多様な職種の人たちとともに、協力し合って課題を解決していくことが求められている。

要するに、この移り変わりの激しい社会において、われわれは、「決められたことを決められた通りに勉強する」以上に、さまざまな知識や情報を駆使して、自ら、そしてまた他者と協同しながら、さまざまな問題に取り組んでいくことが求められているのだ。

以上述べてきたことは、いわば就業するための力や職業上の能力を育むという観点からのものだった。しかし現代における教育の転換の背景には、それ以上に重要な観点がある。ひと言で言うなら、これまで以上に民主主義的な〝市民〟を育むための教育が必要になっているという点である。

その背景には、とりわけ「グローバル化」の問題がある。以下、この「グローバル化」について、二つの観点から論じていきたい。一つは「経済のグローバル化」、二つは「世界リスク社会としてのグローバル化」である。

経済のグローバル化

まず「経済のグローバル化」について。

言うまでもなく、われわれは今グローバル経済社会に生きている。それゆえ、教育の文脈で「グローバル化」が強調されるときには、往々にして、「グローバル競争に勝ち抜けるグローバル人材を育成しなければならない」という主張が目立っているように思われる。

しかし、それはかなり一面的な主張と言わざるをえない。なぜなら、この意味でのグローバル化には、実はきわめて深刻な問題があるからだ。

経済のグローバル化とは、それまではローカルな経済競争でよかったものがグローバル化するということだから、競争がきわめて苛烈になることを意味している。つまりそれは、言葉を換えれば、世界大の、そしてまた一国内の深刻な貧富の格差がもたらされかねない――すでにもたらされている――ということなのだ。

こうした格差の拡大は、民主主義の深刻な危機につながるおそれがある。というのも、民主主義は本来、人々がお互いを対等な存在として承認し合うところにこそ成立するものであるからだ。だからその対等性・平等性が崩れ去ったとき、民主主義は大きな危機にさらされることになるのだ。

そのように考えると、「グローバル競争で勝ち抜けるグローバル人材を育成せよ！」と声を大にして言うのは――その必要性を全否定するわけではないにしても――かなり一面的な主張と言うべきだろう。むしろ重要なのは、この深刻な格差を克服することであり、それゆえ教育においては、これまで以上に、子どもたちに民主主義の精神を育むことが求められているのだ。

世界リスク社会

このことと関連して、グローバル化の二つ目の側面、「世界リスク社会としてのグローバル社会」について述べたい。これは、ドイツの社会学者、U・ベック（一九四四―二〇一五）が、一九九〇年代末に提起した概念である。予見も制御もきわめて困難になってしまった、世界大化したリスクを抱える社会。それが「世界リスク社会」である。

二〇一一年三月一一日の、東日本大震災に伴う福島の原発事故を経験したわれわれにとって、これはあまりにリアリティのある言葉である。今日、科学技術の統制はいまだ一国内の問題である。しかしそこで起こる問題は、国内を超えてグローバル化してしまうのだ。まさにわれわれは、原発事故が、国内にとどまらず、世界にどれほど大きな影響を与えるかを目の当たりにした。しかもその損害賠償金は、天文学的な数字にまで膨れ上がり、もはや保険によって対処可能な次元のものではない。

二〇〇八年のリーマン・ショックを引き金とした世界金融危機なども、典型的な世界リスクである。今日のグローバル経済においては、経済問題は一国内の問題にとどまらない。つまりわれわれは、今、経済的な観点から言っても、予見も制御も事後的保障も不可能な、世界大の深刻なリスクと隣り合わせの社会に生きているのだ。

そのように考えるなら、グローバル社会に求められる教育の本質は、世界の人々と協力し合い、相互了解関係を見出し合える、そんな子どもたちを育んでいくことにこそあると言えるだろう。まさに、地球レベルの民主主義的精神をもった子どもたちを育む必要があるのだ。そしてまた、ただ知識や情報をため込むだけでなく、それらを駆使して、こうした諸問題に他者と協力し合って立ち向かう、そのような子どもたちを育む教育が求められているのだ。

2　これからの教育のあり方

こうして、現代の教育には、これまで以上に、自ら、そして他者と共に学び合い考え合う、よりいっそうの民主主義の精神をもった子どもたちを育むことが求められている。

ではそのような教育を、われわれはどのように実現していくことができるだろうか。

先述したように、デューイをはじめとするプラグマティズムの教育思想家・実践者たちは、今日に一〇〇年以上も先駆けて、そのような教育を実現するための理論と実践を蓄積してきた。そこで以下では、これらの理論を現代的にアレンジし直して、これからの教育の展望を描き出してみることにしたいと思う。キーワードは、学びの「個別化」「協同化」「プロジェクト化」の〝融合〟である。ここで重要なのはこれら三つの〝融合〟ということだが、以下では便宜的に、これらについて一つずつ論じていくことにしたいと思う。

学びの「個別化」——学び方の個別性・多様性を尊重する

まず、学びの「個別化」について。

教育について考えるとき、われわれは、子どもたち一人ひとりに向いた学びのあり方、進度、興味・関心などは、本来大きく違っているのだということを十分に認識する必要がある。

しかしこれまでの(日本の)教育は、多くの場合、そのほとんどを統一してしまってきたのが現状だ。決められたことを、決められた時間割に従って、みな同じ進度で勉強させる。考えてみれば、これはきわめて非効率なことと言わざるをえない。

嫌な言葉だが、いわゆる「落ちこぼれ」は、こうした学校教育システムによって生み出されてしまっている側面がかなりある。もしも一人ひとりに向いた学び方や進度で学習を進めることができたなら、彼ら彼女らは、もっと高い学習レベルに到達できたはずなのに。

反対に、たとえばある時期算数に非常な興味を示した子どもは、そのまま何週間も算数だけをやっていたなら、一年かけて学ぶはずだった学習内容を、そのたった数週間でマスターしてしまえるかもしれない。洋画や海外ドラマに興味をもった子どもは、学校の英語の授業より、それらを自分で教材にして、英語力をぐんぐん伸ばせるかもしれない。

にもかかわらず、多くの学校では、子どもたちは決められた時間割に従って勉強していくことを強要される。つまり今、多くの子どもたちは、学びのペースや教材などを学校や教師によって管理されてしまっていて、自分なりの仕方で進めていくことがほとんど許されない状況にいるのだ。

このことを大きな問題と考え、一〇〇年も前に学びの「個別化」をラディカルに訴えたのが、デューイから大きな影響を受けたH・パーカースト（一八八七―一九七三）である。パーカーストは、「ドルトン・プラン」と呼ばれる教育実践によって、世界中に知られるようになった。日本でも、ドルトン・プランは大正時代盛んに実践されたが、その「自由」を重んじる教育が、時の政府から弾圧を受けるなどしたために、結局十分広まることはなかった。しかしその一方で、たとえば教育先進国と呼ばれるオランダでは、ドルトン・プランは全国的に浸透し、今日、その学びの「個別化」の発想は、とりわけ初等教育においてはかなり一般的なものとなっている。

ドルトン・プランの基本発想は、全員に適用されるお仕着せの時間割を廃止して、子どもたち自身が、教師や仲間の力を借りながら学習計画を立て、それを自分のペースで着実に進めていくという点にある。そのために、ドルトン・プランでは、まず子どもたちに一年分のカリキュラムを明示し、彼ら彼女らが、今後自分たちが何を学ぶのか可視化する。そしてその上で、年齢等に応じて、一週間ごとや二週間ごと、あるいは一か月ごとに学習計画を立て、自分のペースで学びを進めていくのである。

学び方とその計画や進度を、子どもたちの手に委ねる。そのような経験のあまりない日本の教師は、そんなことが本当にできるのかという疑問を抱くことが多い。しかし、ドルトン・プランをはじめとする学びの「個別化」の長い実践の蓄積から言えるのは、それは十分に可能だし、さらに言えば、子どもたちは、管理されたり強制されたりするよりも、むしろ自らの手に自由な学びを手にしたときの方こそ、自分の学びに責任をもち、力強く成長していくということだ。

デューイが至るところで強調しているように、人は本来、学びたい、知りたい、できるようになりたい、という欲求をもっている。しかし勉強を嫌々「やらされる」ときや、そのペースを自分の手でコントロールできないとき、せっかくのその欲求を、多くの場合失ってしまうことになる。だからこそわれわれは、子どもたちのその欲求と自ら成長する力を信頼し、学びを彼ら彼女らの手に委ねていく必要があるのだ。その意味において、学びの「個別化」は今後ますます不可欠なものになるだろう。

さらにまた、民主主義の精神を育むという点においても、この学びの「個別化」には重要な意義がある。というのも、学びの「個別化」において、子どもたちは、学びの進度も方法も、本来一人ひとり違うものであるということを学び、そしてその違いを尊重する必要を学ぶからである。「みんなで同じことをしなければならない」という圧力がとかく働きがちな日本の教育において、このような相互尊重の基礎を築くことは、特に重要なことと言えるだろう。

学びの「協同化」——学力向上と民主主義の要

そこで続いて、学びの「協同化」について論じることにしたいと思う。

先述したように、学びの「個別化」には、この「協同化」の融合が欠かせない。理由は大きく三つある。

一つは、ややテクニカルな観点ではあるが、とりわけ日本においては、教師一人あたりが担当する子どもの数を、今以上に大幅に少なくするのが現実的に困難であるという点にある。そのため、子どもたち一人ひとりの学びを、一人の教師がすべてつきっきりでサポートすることにはかなりの困難がある。

しかしこの問題は、子どもたち同士の「学び合い」を通して解消することが可能である。子どもたちは、教師が手取り足取り教えなくても、互いに教え合い学び合うことで、自らの学びを進めていけるものなのだ。

第二のより本質的な理由は、一斉授業や単なる個別学習よりも、「学び合い」「協同的な学び」こそが、子どもたちの学力向上に大いに寄与しうるという点にある。もちろんそのためには、教師のファシリテート（サポートやガイド）の能力や、子どもたち自身の協同に向かう姿勢の醸成など、いくつかの条件をクリアしている必要がある。しかしこれらの条件を十分にクリアできたなら、その効果は、一斉授業や単なる個別学習に比べて、かなり高いものになると言われている。先生に一方的に教えられるより、友だちに聞いた方がよく理解できた、という経験を、多くの人はもっていることだろう。また、友だちに教えることで、自分の理解が深まったという経験も、多くの人にはあることだろう。生徒と教師の相性もある。この先生の教え方ではどうしてもよく理解できない、ということも、日常的によくあることだ。

だからこそ、学校教育には「協同的な学び」をふんだんに取り入れていく必要があるのだ。

「個別化」に「協同化」を融合させる必要がある第三のさらに本質的な理由は、まさにこの「協同」こそが、今後の学校の大きな存在理由になるだろうという点にある。

〝単なる〟個別学習は、今ではインターネットを通して十分可能になった。そのような、質の高い学習コンテンツを、自分の関心に応じて、完全に理解できるまで何度でも繰り返し、しかも無料または格安で見ることができる時代にあっては、学校が決められたカリキュラムに従って決められた時間に一斉に授業を行う理由は、もはやほとんどなくなったと言っていい。つまり、このような「コンテンツ・ベース」の教育は、今や必ずしも学校で行われる必要はなくなってしまったのだ。

しかしだからこそ、これからの学校は、民主主義の精神を育むものとしての存在意義により自覚的になる必要がある。その土台となるものこそが、オンライン教育だけでは十分に行うことができない、「協同的な学び」や後述する「プロジェクト型の学び」である。子どもたちは、この協同的な学びによって、互いに助け合い協同し合うことを通して、民主主義の土台を力強く築き上げるのだ。

それはつまり、それぞれがゆるやかにつながりながらごく自然な形で教え合い学び合うことで、相互尊重と相互協力の精神、すなわち民主主義の精神を育んでいくということだ。たとえば、学びの「個別化」によって、こちらでは計算問題を、あちらでは詩の暗誦をしている子どもがいたとして、しかし必要に応じて、こちらの子が別のクラスメイトに計算方法を尋ねたり、あちらの子がまた別のクラスメイトに詩の暗誦を聞いてもらったりする。そんなゆるやかな学び合いが、学びの「個別化」にはセットになっている必要があるのだ。

学びの「プロジェクト化」——これからのカリキュラムの中核

最後に、学びの「プロジェクト化」について論じたい。

「プロジェクト型の学び」については、やはりデューイやその高弟W・H・キルパトリック（一八七一

―一九六五）以来、すぐれた理論と実践が蓄積されている。

キルパトリックは、「目的ある活動」こそが、学びを導く根本原理であると主張した。教師からただ言われるがままに勉強するのではなく、自らの目的をもって学びを続ける過程でこそ、子どもたちはまさに「自ら学ぶ力」を育んでいくのだと。

デューイは料理や糸つむぎの例などを好んで挙げたが、他にも、たとえば宇宙についてや宗教について、また環境問題について等、何でもかまわない。プロジェクト型の学びにおいては、子どもたち自身が設定した、あるいは教師によって設定されたさまざまなプロジェクトテーマを、子どもたちが、一人、あるいは協同で数週間かけて探究することになる。

ここで重要なことは、プロジェクト型の学びの目的は、これらのプロジェクトを通して何らかのあらかじめ決められた知識を子どもたちに獲得させることにではなく、それぞれの設定した課題を、自分たちなりの方法で、自分たちなりに解決していくことにある。その過程を通して、子どもたちは自ら、あるいは他者と協同で探究することそれ自体を学んでいくのだ。

プロジェクト型の学びは、今日の日本では、デューイやキルパトリックの理論を根拠にカリキュラムに取り入れられた「総合的な学習の時間」として行われている。しかしこれまで述べてきたように、ポスト産業主義社会の教育の本質がコンテンツ・ベースである以上にコンピテンシー・ベースであるべきだとするならば、今後さらに、カリキュラムの中核を担うものにしていく必要があると筆者は考えている。

3　教育の未来をつくる

以上、「コンテンツ・ベースからコンピテンシー・ベースへ」の転換が叫ばれる今日の教育において、今こそ、デューイらの教育理論をもとに、学びの「個別化」「協同化」「プロジェクト化」を〝融合〟していく必要があることを論じてきた。

こうした教育への転換は本当に可能なのか、といぶかる読者もいるかもしれない。しかし、「コンテンツ・ベースからコンピテンシー・ベースへ」の転換は、今日もはや後戻りできないものになっている。本章では制度的なテーマについては詳論できなかったが、日本においても、たとえばこの潮流を捉えたラディカルな大学入試改革が、多くの困難を抱えながらも行われようとしている。

ならば重要なのは、現代社会を生きる子どもたちに必要な力を、そしてまた民主主義の精神を、どうすればより力強く育んでいくことができるか、その具体的な方途を考え合うことである。以上述べてきたように、デューイをはじめとするプラグマティズムの教育理論には、そのための英知の蓄積がある。今日の教育学者や実践家は、これをさらに実りあるものへと展開していく必要があるだろう。

〔参考文献〕

W・キルパトリック『プロジェクト法』、市村尚久訳、明玄書房、一九六七年。
J・デューイ『民主主義と教育』上・下、松野安男訳、岩波文庫、一九七五年。

――――『学校と社会・子どもとカリキュラム』、市村尚久訳、講談社学術文庫、一九九八年。

苫野一徳『教育の力』、講談社現代新書、二〇一四年。

H・パーカースト『ドルトン・プランの教育』、赤井米吉訳、中野光編、明治図書出版、一九七四年。

リヒテルズ直子『オランダの個別教育はなぜ成功したのか――イエナプラン教育に学ぶ』、平凡社、二〇〇六年。

※　本章は、リヒテルズ直子・苫野一徳『公教育をイチから考えよう』（日本評論社、二〇一六年）の第2章4節および第3章6節を引用し、大幅に加筆・修正したものである。

第14章　倫　理　学
――ネオ・プラグマティズムの動向

宮崎宏志

1　ネオ・プラグマティズムの倫理学の特色

ネオ・プラグマティズムと呼ばれる思想群から諸々の倫理学的主張を取り出すとき、読者は、その主張の多様性に驚くかもしれない。道徳的実在論を唱える思想家もいれば、価値の多元論的なあり方を強調する思想家もいるし、また、人間中心主義の立場を鮮明に打ち出す思想家もいれば、非人間中心主義の立場を許容する思想家もいる。同じ思想的潮流に属する思想家たちでも、その主張の細部においては異なるという事態はよくあることだが、この場合は、細部が異なっているというレベルを超えている。本書の中心的な目的は、「プラグマティズム」という姿勢ないし視点を理解することであるから、本章では、そのように大きく異なる倫理学的主張が行われているにもかかわらず、どこに「プラグマティズム」と呼んでよい特徴があるのかを読者が捉える手助けになるような、思想読解のサンプルを提供したい。そのために、本章では、道徳的実在論を唱えるJ・マクダウェル（一九四二―　）の倫理学や、環境プラグマティズムの倫理学を取り上げ、彼らのそれぞれがどのような意味で「プラグマティスト」なのかを考えてみたい。そして、そうした考察を通じて、プラグマティズムの特徴とされる多元論を、それぞれのプラグマティストがどのような形態の思想で表現しているのかを示し、それによって、ネオ・プラグマティズムの倫理学のとりうる複数の方向性を明らかにしたい。

2　マクダウェルの倫理学――道徳的実在論、徳倫理学

道徳的実在論

マクダウェルは、自らがプラグマティストであると明言しているわけではないが、一般に彼はプラグマティストであると見なされている。そして、彼は、その倫理学的立場としては、道徳的実在論を表明している。マクダウェルの言う道徳的実在論とは、道徳的価値が単なる主観の産物ではなく、客観的に実在すると考える立場である。古典的プラグマティストやR・ローティらの主張に親しんだ読者は、道徳的価値の実在性を主張するマクダウェルの立場がどうしてプラグマティズムの立場になるのかといぶかることだろう。そこで、道徳的実在論に立つマクダウェルの倫理学がどうして「プラグマティズムの倫理学」であるのかを考えてみたい。まずは本節で、マクダウェルが自らの倫理学的立場を明確に提示している代表的な議論の骨格を紹介し、次節で、そうした議論のどこに「プラグマティズム」の姿勢が表れているのかを検討しよう。

マクダウェルは、価値というものを理解する手がかりとして、色を知覚する経験や恐怖をおぼえる経験に着目している。通常、色に関する経験は主観的なものだと見なされることが多い。確かに、色の認識は人によって異なる場合があり、このことはロック以来強調されてきたことである。しかし、マクダウェルに従えば、こうした意味で色に関する経験が主観的であることから、直ちに色に関する経験がまったく客観性をもたないということにはならない。というのも、客観性を判定する基準としては、実際の経験か、それとも想像上の経験かという点も重要であるからである。そして、この基準からすれば、色に関する経験は、十分に客観的な経験である。目の前に赤いものを認識しているとき、夢でない限り、赤いものを見ているとわれわれが判断するような経験をしていること自体は紛れもない事実である。さらに、マクダウェルは、色に関する経験について組み立てた議論と同様の議論を、恐怖をおぼえる経験についても組み立てる。彼に従えば、われわれが恐怖を理解するときには、恐怖をおぼえるにふさわしい対象が実際に存在していて、その対象に対する反応として恐怖するという現象が起こっていると捉えている。その意味では、まさに恐怖をおぼえるような対象が確固として存在しているのである。われわれの感じる恐怖がいわれのないものである場合でも、以前の経験において、恐怖をおぼえるにふさわしい対象が実際に存在していたことがあるからこそ、恐怖をおぼえる現象が起きるのだというのが、マクダウェルの言い分である。そして、恐怖をおぼえる経験の場合と同様に、道徳的価値を経験する場合にも、その経験を引き起こす対象が確固として存在するとマクダウェルは考えるのである。

徳倫理学

マクダウェルは、道徳的価値の実在性を主張するにとどまらず、徳倫理学を提示している。古典的プラグマティズムから引き継がれる見方からすれば、徳を重視するというのは、プラグマティズムからの乖離と思われるであろうし、実際、徳倫理学を提唱する際に、マクダウェルが高く評価している代表的人物は、アリストテレスである。とはいえ、マクダウェルの徳倫理学には、プラグマティズムの特徴がないと軽々に結論することは避けねばならないので、彼の徳倫理学の内実を少しばかり見ておこう。マクダウェルによれば、親切などの徳を身につけているということは、それぞれの状況において、その状況からどのような行為が要求されているのかがわかるということである。したがって、マクダウェルにとって、徳は一種の実践知である。そして、当該の状況がわれわれに特定の行為を要求していることを見て取る能力としての感受性が、徳の根幹をなすものなのである。

3　マクダウェルの倫理学におけるプラグマティズムの特徴

マクダウェルにとってのリアリティ

前節で概観したようなマクダウェルの倫理学的主張は、果たしてプラグマティズムとして特色づけられるものになっているだろうか。確かに、マクダウェルの思想がプラグマティズム思想であると言える特徴として、自然と価値との二元論を拒否している点や、哲学の担う仕事を治療的な営みと位置づけている点などが指摘されてはいる。とはいえ、彼の倫理学に焦点を当てた場合、道徳的価値の実在性や徳が重視されているわけだから、プラグマティズムの倫理学として評価することに抵抗のある読者もあることと思う。実際、マクダウェルは、ローティとは問題意識を共有する部分があるけれども、彼の倫理学的考察が展開される際に彼の念頭にあるのは、アリストテレスやカントやウィトゲンシュタインであって、代表的なプラグマティストたちではなさそうである。しかし、マクダウェルの倫理学が支持する結論自体にプラグマティズムと不協和音を醸し出すものがあるとしても、前節で紹介したマクダウェルの議論には、プラグマティズムの発想が取り入れられている。たとえば、前節の議論で確認できるように、マクダウェルは、われわれの経験にとってのリアルさという点では、科学が信頼を寄せる対象の性質であろうが、感じ取られる道徳的性質であろうが等価であるという見解に立っている。覚醒時の錯誤のない経験であれ、夢であれ、幻であれ、実在という点では等価であると考えたJ・デューイと比較すれば、ラディカルさは薄れるとしても、あくまで経験の実情に定位しながら、倫理学的考察をしていこうという姿勢は、プラグマティズムの姿勢である。

状況を読み解く力の重要性

マクダウェルが徳倫理学を復権させようとする際の要になるのが、感受性という能力の動員に基づく状況の認知という事態であり、この場合、単なる主観−客観関係ではなく、その都度の状況の脈絡の中で行為者と対象との関係を捉えていこうという姿勢のうちにもプラグマティズムの発想を見ることができる。たとえば、デューイの倫理学では、道徳的決断を迫られるときにわれわれが注目している「事実」は、単なる所与ではなく、当面する状況から選び出されたものであるという見方が採用されているが、それに類する見方をマクダウェルは採用している。彼の倫理学においても、有徳な人がどのように行為すべきかを判断する際には、当面する状況の中で際立った事実と言えるものを感受性によって選び出している、と捉えられている。このように、徳を成立させるための鍵が、状況を読み解く力であるからには、状況を読み解く力の育成というマクダウェルの徳倫理学にとって重要となる主題は、古典的プラグマティズムの倫理学で重要である主題と重なってくるのである。

4　環境プラグマティズムの立場

現在の応用倫理学の動向を理解するためには、環境プラグマティズムの立場を把握しておくことは不可欠である。環境プラグマティズムは、従来の環境倫理学に対するアンチテーゼとして登場してきた。倫理学という学問分野の内部に限って言えば、従来の環境倫理学は、決して停滞状態にあったわけではない。そうした環境倫理学の主流をなすものは、自然の内在的価値を認める非人間中心主義の立場であったとはいえ、人間にとっての意義という観点からの人間中心主義の立場も見受けられた。また、非人間中心主義の立場をとるものの中でも、個体の生命を重視する生命中心主義や、生態系を重視する生態系中心主義などの立場が分かれるし、人間中心主義についても、人間にとってのどのような価値を重んじるかによって立場が分かれる。つまり、倫理学という学問分野の内部では、さまざまな視点が提供されたり、活発な論争が行われたりしていた。したがって、従来の環境倫理学を環境プラグマティストたちが批判するとき、その批判の矛先は、環境倫理学の分野での従来の議論が、その分野外で環境問題にかかわっている科学者や活動家や政策決定者の討議に対して影響力をもたなかったという点に向けられている。言い換えれば、環境プラグマティストたちの共有している関心は、現実の具体的な諸問題の解決に実効力をもつということにある。

現実の具体的な諸問題の解決に寄与することをめざすという点こそが、第一義的には、環境プラグマティズムの共通項なのであって、それだから、環境プラグマティズムの諸主張に関しては、その主張内容自体のうちに「プラグマティズム」としての共通項を見つけていこうとすると、読者はかえって混乱することになりかねない。もっとも、環境プラグマティズムの一般的な特徴として、道徳的多元論、寛容の原理の採用、脈絡主義、反基礎づけ主義などがしばしば挙げられており、そうした特徴を共通項として提示できなくもないが、そのような共通項探しにばかり目を奪われてはならない。むしろ、重要なのは、環境プラグマティストたちがプラグマティズムに与する仕方の違いに目を向けつつ、プラグマティズムの見地から現実の諸問題に対して立ち向かうとは、どのような営みなのかを問い直していくことだろう。そこで、次節では、代表的な環境プラグマティストであるA・ウェストン（一九五四―　）やA・ライト（一九六六―　）やB・ノートン（一九四四―　）の見解を簡単に紹介しながら、彼らがプラグマティズムに与する仕方の違いについて考えてみたい。

5　代表的な環境プラグマティストたちの基本的視点

諸価値の衝突を調停していこうとするウェストンのプラグマティズム

ウェストンによれば、価値に関するプラグマティズムの捉え方とは、固定的で究極的な目的による価値の基礎づけを拒否して、さまざまな価値が力動的に相互に関係し合い依存し合っているとみることである。ある価値に疑念が向けられるとき、当の価値は、他の価値に依拠して、その意義を示せる場合もあるし、他の価値との関係の中で修正を施される場合もある。したがって、ウェストンにとって、プラグマティズムの視点から導かれる取り組みは、価値の多元論の立場をとって、それぞれの価値を、それを支えるような脈絡の中に位置づけながら、諸価値の間の衝突の調停役を果たしていくことである。しかも、そうした調停役を務めていくための知見に関しては、われわれは、志を共有できる人たちと協力し合いながら、経験や努力を通じて、また、失敗や不慮の出来事を通じて、時に詩心や夢想を通じて、獲得していく他はないのである。このように、諸価値を基礎づけるような究極的な目的を想定することもなく、また、諸価値の衝突を調停するための固定的な基準を設けることもなく、絶え間ない試行錯誤を通じて諸価値を再創造していこうとする発想のうちに、ウェストン流のプラグマティズムの特徴が見出せるのである。

もっとも、同じく環境プラグマティストであるE・カッツが批判するように、ウェストンは、楽観的と言えるような展望の下に、こうした発想を提出していることは否定できない。ウェストンは、アラスカの国立公園の保全問題との関連で、ほとんどすべての人は、自然のうちに何らかの価値を認めており、環境問題の解決をめざす協議を進めていくための共通の土俵があるという趣旨の発言を行っている。それに対して、カッツは、人それぞれで、自然のうちのどのような対象や経験や感情を価値づけるかが異なるわけだから、合理的な協議のための共通の土俵などないと批判するのである。確かに、共通の土俵に関するウェストンの前提は楽観的で根拠も乏しいものであるから、そのような前提は放棄すべきであろう。とはいえ、その前提を放棄した場合でも、ウェストンの主張からプラグマティズムの色彩が消え去ることにはならない。出発点において共通の土俵が仮になかったとしても、絶え間ない試行錯誤を通じて諸価値を再創造していく姿勢は、プラグマティズムの発想から帰結する一つのあり方であるし、むしろ、そうした諸価値の再創造を通じて共通の土俵の形成に挑むことにこそ、プラグマティズムの特質があるとさえ言えよう。

ライトのメタ哲学的プラグマティズム

ライトは、応用哲学や応用倫理学の領域で成立するプラグマティズムについて、「哲学的プラグマティズム」と、「メタ哲学的プラグマティズム」ないし「方法論的プラグマティズム」という二種類のものを区別している。ライトに従えば、価値に関する二元論や一元論の固定的な捉え方を拒否し、多様な価値を容認しながら、人間と自然の間の、また、諸価値の間の力動的な関係を考察することを通じて現実の諸問題の解決をめざしていく営みは、「哲学的プラグマティズム」としての取り組みである。ライトの見解では、この取り組みは、古典的プラグマティズムから継承されてきた発想を環境問題に対して直接的に適用していく形での取り組みである。それに対して、「メタ哲学的プラグマティズム」ないし「方法論的プラグマティズム」としての取り組みというのは、解決すべき問題にかかわる決定や政策に資するような規則や原理を提供していこうとするものであり、ライトは、こうした取り組みを積極的に評価する。この後者の取り組みに関して具体例を挙げておこう。たとえば、価値をめぐる捉え方が異なっているとしても、環境倫理学者たちや環境活動家たちの行き着く政策自体が一致している場合には、環境プラグマティストの担うべき大きな仕事の一つは、その政策の意義の理解が一般大衆にまで広まるように当の政策の意味合いを明確にすることであり、その政策提言を、多様な大衆の多様な道徳的直観に対応するような訴えかけに翻訳することである。

肝心なのは、この種のプラグマティズムが、環境政策に対する公共的支援の拡大という目的を実現するための方法論であり、そのような方法論上有効であれば、環境倫理学的な立場や理論の多様性が許容されるという点である。つまり、公共的支援の拡大という目的のために立場や理論の違いに寛容な態度をとりながら明確化ないし翻訳に携わる倫理学者であれば、自然や価値に関してプラグマティズムに特徴的な捉え方をしていなくとも、「方法論的環境プラグマティスト」でありうるのである。だから、この立場のプラグマティズムとしての特徴は、自然や価値に関する見方のうちにではなく、合意形成に向けての方法論的形式のうちにあるということである。

ノートンの収束仮説

ノートンは、パースの思想の影響を受けて、収束仮説を唱えている。ノートンは、関連し合う二種類の収束仮説を打ち出している。一つは、環境倫理学的な立場が異なっていても、議論の積み重ねを通じてやがては、採用すべき政策について意見の一致に至るという仮説であり、もう一つは、人間も自然の一部である限り、長期的には人間の利益と自然の利益が一致していくという仮説である。そして、前者の仮説は、後者の仮説に基づいて成立している。ノートンの収束仮説は、前述のライトを含め、他の環境プラグマティストにも大きな影響を与えているから、ここで、彼の収束仮説がプラグマティズムの視座から導かれる帰結であるのかどうかを批判的に検討してみよう。

ノートンの収束仮説は、パースの真理観の影響の産物として解されているから、パースとノートンの見解に共通性が見出せるのかが重要となる。確かに、パースは、探究の共同体という理念的な組織を想定して、その共同体での探究の無際限な継続によってもたらされる収束点と理解されるような最終的な信念が、真理であると考えている。しかし、パースの場合、その都度の探究は、その探究を生じさせる原因である疑念が解消され、信念が確立することで終結する。そうであれば、先行する探究は、一応の信念の確立をもたらすことによって、後続する探究の出発点を用意していくはずである。パースに基づけば、どれほど時間を要そうとも、真正の探究は、一応の信念が確立するまでは続けられるものであり、また、続けられなければならない。ところで、ノートンが焦点を当てているのは、環境政策である。環境政策は、それが切実なものであればあるほど、時間的な制約がある。すると、一定の期間内に、異なる見解の間の妥協点を見つけて、政策を実行に移していかなければならないから、政策決定のための探究にかかわるそれぞれの探究者が、一応の信念の確立を達成しているとは限らない。理屈上は、ある政策決定をした後も、そもそもその政策を立案せざるをえない状況を生み出すことになった根本問題について継続的に考察が続けられ、一応の信念の確立が達成されるということはありうるが、政策決定が妥協の産物であるとき、現実的には、それぞれの環境倫理学的立場における探究や、関連するそれぞれの科学者や活動家の探究が、一応の信念の確立という形で終結していくと理解してよいのかどうかについては、パース的な視座に基づく場合でも、問題をはらんでいると思われる。したがって、パースの言う意味での収束点としての信念へ向けて探究が継続していく場合には、人間の利益と自然の利益が一致していき、異なる立場にある人々の意見も一致に至るという仮定を採用したとしても、ノートンの枠組みでは、その前提となる「真正の探究の継続」が保証されない。詰まるところ、ノートンの一つ目の収束仮説も、二つ目の収束仮説も、パース的な視座を採用すれば導かれるという性格のものではない。

果たしてノートンの収束仮説はプラグマティズムとしての特徴を備えているのだろうか。一方には、ノートンの収束仮説が環境プラグマティズムの主張としてしばしば取り上げられるという事実がある。しかしまた他方では、パース以外の代表的なプラグマティストたちの中に、探究の収束点を設定している思想家が見当たらず、しかも、ノートンの収束仮説は、パースの提示した考え方とは「似て非なるもの」であるという事実がある。はっきりと言えるのは、ノートンの収束仮説のうちにプラグマティズムとして特徴づけられるものがあると見なすかどうかによって、現代の応用倫理学におけるプラグマティズムの性格づけが大きく異なってくるということである。もっとも、ノートンの思想の位置づけという点だけに限って言えば、彼は、弱い人間中心主義、すなわち、長期的で利他的な展望の下で人間の精神的で美的な欲求にも目配りしながら、自然の価値を考慮するような選好をもつようになることをめざす立場を提唱しているので、このような多角的な視点から自然と人間との関係や価値の問題を捉えようとしているところには明らかにプラグマティズムの発想を見ることはできる。

6　プラグマティズムに基づく新たな倫理学的展開の可能性

本章で取り上げたプラグマティストの主張を見ただけでも、「プラグマティズム」という名称が与えられる現代の倫理学的主張が多様であることは理解いただけたであろう。それほどに多様なのであれば、読者は、プラグマティズムの立場で取り組まれていないような倫理学的課題は存在していないと思うかもしれない。しかし、私見によれば、プラグマティズムの立場から掘り下げきれていない倫理学的主題が残されている。先に紹介した環境プラグマティズムは、環境政策の決定に実効のある形で倫理学を展開しようとしたものであったが、現実の具体的な問題の解決に寄与するあり方は、他にもある。何らかの政策が実施されたり、何らかの社会的な決定が下されたりするときには必ず「救済」の及ばない存在者がいる。「救済」の及ばない存在者が常にいることは仕方がないことであるけれども、そのような存在者にせめて何を提供できるかという課題については、これまでに提案されてきたような主張だけではいまだ十分であるとは言えないから、プラグマティズムの観点から新たに提言できる事柄が残されているであろう。読者には、すでに取り組まれている「ネオ・プラグマティズムの倫理学的アプローチ」に目を向けるだけではなく、今後新たにどのような「プラグマティズムの発想に基づく倫理学的アプローチ」が可能なのかについても考えてみていただけたら幸いである。

［参考文献］

J・マクダウェル「徳と理性」、荻原理訳、『思想』七月号（No. 1011）、岩波書店、二〇〇八年、七―三三頁。

A・ライト「方法論的プラグマティズム・多元主義・環境倫理学」、斉藤健訳、『応用倫理』第一号、北海道大学大学院文学研究科応用倫理研究教育センター、二〇〇九年、七一―八二頁。

Katz, E., "Searching for Intrinsic Value: Pragmatism and Despair in Environmental Ethics", eds. by A. Light, and E. Katz, *Environmental Pragmatism*, Routledge, 1996, pp. 307-318.

Light, A., "Compatibilism in Political Ecology", eds. by A. Light, and E. Katz, *Environmental Pragmatism*, Routledge, 1996, pp. 161-184.

———, "Environmental Pragmatism as Philosophy or Metaphilosophy? On the Weston-Katz Debate", eds. by A. Light, and E. Katz, *Environmental Pragmatism*, Routledge, 1996, pp. 325-338.

———, "Contemporary Environmental Ethics from Metaethics to Public Philosophy", *Metaphilosophy*, Vol. 33, No. 4, 2002, pp. 426-449.

McDowell, J., *Mind, Value, and Reality*, Harvard University Press, 1998.

（なお、本論文集に所収の "Virtue and Reason" は、前掲の「徳と理性」の原著論文を若干改訂したものである）

Norton, B. G., *Toward Unity among Environmentalists*, Oxford University Press, 1991.

———, "The Constancy of Leopold's Land Ethic", eds. by A. Light, and E. Katz, *Environmental Pragmatism*, Routledge, 1996, pp. 84-102.

———, "Integration or Reduction: Two Approaches to Environmental Values", eds. by A. Light, and E. Katz,

Environmental Pragmatism, Routledge, 1996, pp. 105–138.
———, "Environmental Ethics and Weak Anthropocentrism", eds. by A. Light, and H. Rolston III, *Environmental Ethics: An Anthology*, Blackwell, 2003, pp. 163–174.
Weston, A., "Before Environmental Ethics", eds. by A. Light, and E. Katz, *Environmental Pragmatism*, Routledge, 1996, pp. 139–160.
———, "Beyond Intrinsic Value: Pragmatism in Environmental Ethics", eds. by A. Light, and E. Katz, *Environmental Pragmatism*, Routledge, 1996, pp. 285–306.

第15章　民主主義論
――「当惑」の中に見出したJ・アダムズの実践

井上弘貴

1　政治的機構に先立つ社会的な関係性としての民主主義

アダムズとデューイのつながり

世紀転換期のシカゴにあってソーシャル・セツルメントの代表的な実践家としてその名を知られ、後には国際的な平和活動の功績によってノーベル平和賞を授与されたジェーン・アダムズ（一八六〇―一九三五）は、第一次世界大戦へのアメリカ参戦をめぐって立場を異にした後も（井上、二〇〇八）、かつて緊密に接したJ・デューイを変わらず評価しつつ、次のように述べた。

世界は、人間を超えた諸力の手に握られており、それに対して人間の意思を対置させることは馬鹿げている。そのようにわれわれが科学者たち、少なくとも科学者と言われている人たちから言われていた当時、ジョン・デューイは穏やかにこう述べたのです。知性にふさわしい家は世界それ自体であり、知性の真の役割は、世界を動かしている諸力を批判するものとして、あるいはそれに規制をかけるものとして作用することにあると。

（Addams, 1929=2002, p. 27）

知性を通じて、世界を動かしている諸力にどのように批判的な働きかけを行っていけるのか。アダムズは本章で後述するように、当時のシカゴの移民労働者たちが生きた日常生活の諸問題に取り組むソーシャル・セツルメントの活動の中で、デューイから影響を受けると同時にデューイに影響を与えつつ、この問いをめぐってさまざまな実践を模索していった。

『民主主義と社会倫理』を中心とした本章のねらい

そのアダムズは、彼女の著作の中では初期に出版されたものの一つである『民主主義と社会倫理』（一九〇二年）の序論で、「多様な人間の経験と、その結果として得られる共感は民主主義の基礎であるとともに民主主義を保証するものである」（Addams, 1902=2002, p. 7）と述べた。アダムズがこの『民主主義と社会倫理』を出版した当時、アメリカにおいても女性は連邦のレベルで参政権を得ていなかった。代議制統治への選挙権者ならびに被選挙権者としての参加という意味での民主主義すら、なお達成途上にあったその時代にあって、シカゴの市政改革の推進者たちとボス政治家たちとを比較することを通じてアダムズは、「政治的に」の前に「社会的に」民主主義がどのように姿を現しているのかが重要であることを指摘していた（Addams, 1902=2002, p. 99）。民主主義を、政治的機構という観点から——少なくともそうした観点からのみ――捉えるのではなく、人々の日常生活の中で生きられている関係性のあり方そのものとして捉えようとするアダムズの民主主義をめぐる視点は、『公衆とその諸問題』において公衆の組織化を模索したデューイの立論にも通底する、プラグマティズムの民主主義論を明るみに出していると言える。

本章は、そうしたプラグマティズムの民主主義論を示すアダムズの議論を見るにあたって、経験とともに民主主義の基礎に彼女が置いた共感と直接的につながる「当惑（perplexity）」という概念に光を当てる。この概念については、すでにC・H・シークフリード（一九四三―　）のような、プラグマティズムとフェミニズムの双方の理論的源泉としてアダムズを位置づけようとしてきた論者によって、その重要性が強調されてきた（Seigfried, 2009, p. 51）。本章はこの当惑を軸に『民主主義と社会倫理』を手短ながら考察することを通じて、アダムズのプラグマティズムの特徴を明らかにするとともに、アダムズを手がかりとして、プラグマティズムと民主主義の密接な連環に迫りたい。

2　世紀転換期におけるソーシャル・セツルメントの環大西洋的広がり

英国からアメリカに伝播したソーシャル・セツルメント

アダムズが生涯をかけて取り組んだソーシャル・セツルメントとは何かについて、まず手短に触れておきたい。ソーシャル・セツルメントあるいはセツルメント・ハウスとは、一八八〇年代の英国ロンドンで最初に始められた、中産階級の男女による都市の貧困地域での社会改良の取り組みであり、一八八四年にロンドンのイーストエンドにおいて、サミュエル・A・バーネット（一八四四―一九一三）や若きオックスフォードの一団が設立したトインビーホールがその先駆として知られる。英国ではそれ以前にも、慈善組織協会（Charity Organization Society, COS）といった貧困の問題に取り組む団体は存在していたが、慈善組織協会が個人の問題としての慈善に焦点を当てるのに対して、ソーシャル・セツルメントは取り組みをおこなう人々が都市の貧困地域に住み込み、住民たちと日常的に接触する中で、貧困、衛生、教育の問題にかかわる点にその特徴がある。

英国での試みは、すぐに大西洋をはさんだアメリカに広がり、ソーシャル・セツルメントは世紀転換期の環大西洋で相互交流を含みつつ一つの運動としての展開を見せていった（Rodgers, 1998）。アダムズもまたトインビーホールを実際に訪問し、その活動を体験することで大いに触発されることになる。

アメリカにおける急激な都市化とさまざまな問題の噴出

南北戦争後の本格的な工業化、さらには新移民と呼ばれる南欧や東欧からの移民の流入によって、都市化がさらに著しく進展したニューヨークやシカゴでは、さまざまな都市問題が深刻化していった。たとえば、ミシガン湖とイリノイ川とを接続するイリノイ&ミシガン運河の建設が始まろうとしていた一八三四年のシカゴの人口はわずか二〇〇〇人程度だったが、一八六〇年には中西部でシンシナティやセントルイスに次ぐ一〇万人の人口を記録し、大陸間横断鉄道の重要な中継点となった後の一八九〇年にはこれら二つの都市をはるかに凌いで、人口一〇〇万人を擁する全米第二位の規模の都市へと急激に成長していった（Abbott, 1981）。こうしたシカゴでは他の都市と多かれ少なかれ同様に、児童労働や労働争議のようなさまざまな労働問題、下水施設の不備による腸チフスの流行といった衛生問題に加えて、移民から票と金を受け取る見返りに職や住居を斡旋する、地域でのボス支配、いわゆる「マシーン政治」（有力政治家と支持者たちが情実の関係で結ばれた政党組織のことは、ギルデッド・エイジ〔金ぴか時代〕と呼ばれた一八七〇年代のころから政治マシーンと呼ばれるようになった。その政治マシーンに牛耳られた政治のことを人々はマシーン政治と呼んだ）の跳梁跋扈をみることになった。ソーシャル・セツルメントは、これらのさまざまな問題にアメリカの各都市で取り組むことになった。

アメリカの都市で広まったソーシャル・セツルメント

アメリカでの先駆は、一八八六年にスタントン・コイト（一八五七―一九四四）がニューヨーク市に設立したネイバーフッド・ギルドである。コイトの構想が比較的短期間で頓挫した後、一八九一年にチャールズ・B・ストーヴァー（一八六一―一九二九）らによってユニヴァーシティ・セツルメントとして立て直され、フランクリン・ギディングス（一八五五―一九三一）やエドウィン・R・A・セリグマン（一八六一―一九三九）といったコロンビア大学の教員たちも運営に協力した。同じくニューヨーク市では、ヴィダ・スキャダー（一八六一―一九五四）ら四つの女子カレッジの卒業生たちによって一八八九年に設立されたカレッジ・セツルメントなどがある。ニューヨーク市ではその他にも、リリアン・ウォルド（一八六七―一九四〇）が開設したヘンリーストリート・ナースズ・セツルメント（一八九三年）、ボストンでの慈善組織協会の中心的人物だったジョセフィン・ショウ・ローウェル（一八四三―一九〇五）とも親交の深かったメアリー・キングズベリー・シンコヴィッチ（一八六七―一九五一）によるグリニッチ・ハウス（一九〇二年）などが有名である。デューイはハル・ハウスとのかかわり合いがよく知られているが、コロンビア大学に移籍後は、シンコヴィッチのグリニッチ・ハウスの運営にもかかわり、このセツルメント内に設置された教育委員会の長を務めた（Simkhovitch, 1938, p. 150, 223; Recchiuti, 2007, p. 90）。東海岸ではその他にも、ボストンでサウスエンド・セツルメントハウスを開いたロバート・A・ウッズ（一八六五―一九二五）の活動が知られる。

アメリカにおけるこうしたさまざまなソーシャル・セツルメントの取り組みの中で、アダムズがエレン・ゲイツ・スター（一八五九―一九四〇）とともに一八八九年にシカゴの第一九区に開設したハル・ハウスは、ひときわよく知られるものになった。一九一〇年代には全米で四〇〇を数えるまでになったセツルメント・ハウスの中で、アダムズのハル・ハウスがひときわ光彩を放ったのは、当時の平均的なセツルメントと比較して、ハル・ハウスが――社会的福音とアダムズとの接点はしばしば指摘されるものの――宗教的ミッションのようなドグマに拘泥せず、労働組合の結成の支援や各種の立法のためのロビー活動に積極的にかかわったからであると、V・B・ブラウンは指摘している（Brown, 1999, p. 19）。実際にアダムズは、たとえば児童労働規制に取り組んだ全国児童労働委員会に名を連ねるなど、同時代の社会改革に多方面でかかわった（平体、二〇〇七、八六頁）。

ただ、おそらくアダムズやハル・ハウスがそうした支援や活動に単に積極的にかかわっただけでは、今日に至るまでの歴史的評価を受けることはなかったかもしれない。ハル・ハウス外での諸々の支援や活動から、ハル・ハウスの内での日常的な各種のクラブ活動、ハウス内に開設された幼稚園、あるいは、さまざまな移民コミュニティが母国でかつて行っていた伝統的手工業を実演する試みである労働博物館（米澤、一九九二）に至るまで、そこにはアダムズが活動の中で練り上げていった一つの方針が通底しており、それがハル・ハウスの多様な取り組みを比類のないものにしていった。

3　『民主主義と社会倫理』における当惑の重要性

すれ違う移民たちの倫理と慈善活動の倫理

『民主主義と社会倫理』は、同時代の移民労働者たちの日常生活についての生き生きとした描写やエピソードにあふれている。その一つはたとえば次のようなものである。ある移民女性の夫が市の留置所に三か月収監されることになった。ちょうど身ごもっていたその女性は夫の刑期の終わりごろについにお金が底をつき、家財道具を売ってしのがなければならなくなった。避難先を求め、街の別の場所で三部屋を借りて住んでいる友人のもとを訪ねたところ、そこの夫はちょうど失業中で、借りている部屋を一部屋だけに減らして暮らしている最中だった。しかしその友人は、くだんの女性を家に招き入れ、その友人の夫はそれから一週間、毎晩公園のベンチで寝ることになった。その夫は、陽気にとは言わないにしても不平も言わずにそのようにしたという。女性たちはかつて同じ工場で働いたことがあるという一点を除けば、お互いに対して特別な待遇を求める根拠などどこにもなかった。友人の夫は、その女性に初めて会ったが、彼女のために助産師を探しにすぐに奔走した。仕事が見つかったら代金は払うというその男の約束を受けて、助産師は出産の助けを引き受けたという（Addams, 1902=2002, p. 14）。

『民主主義と社会倫理』の中でアダムズは、このような移民たちの日常を観察することを通じて、彼女たちが共有している「感情的な親切心」と、慈善活動の訪問者が示す「きめ細かく配慮されたケア」とが、それぞれ異なる倫理基準として併存し、そうであるがゆえに、お互いがお互いの意図を理解できないでいることを指摘している。

すれ違いをきっかけとして捉えるアダムズ

このエピソードに登場するような移民の労働者たちにとって、困っている仲間を助けることは体に染みついている善悪の判断によるものであり、何かの計算があって判断しているわけではない。そうした彼女たちにとってみれば、説諭を伴なってなされる救済活動は、自分たちが日常の中でしている良心的な行動ではなく、何か利己的な動機を隠し持った計算に見えても不思議ではない。しかもアダムズによれば、移民たちはそのようにしばしば驚くほどの献身的な親切心を示す一方で、仕事での成功ないしは金持ちであるかどうかを人生の基準として有している。そうであればこそ、過酷に取り立てをしてくる金持ちの家主は、憤慨の対象ではあるものの、それでもなお尊敬される。なぜなら、彼には金があり、成功しているからである（Addams, 1902=2002, p. 15）。

それに対して慈善活動の訪問者は、移民労働者たちから見れば、自然に親切なわけでも、また、金持ちであるわけでもない。それゆえに移民たちは、慈善活動の訪問者たちが行う組織的な慈善の動機を理解することがまったくできないばかりか、訪問者を結局のところ、悪辣な家主に比べて成功を収めていない、したがって軽蔑すら感じさせる人物として見なすに至る。

あるいはまた、たとえばある慈善訪問者の女性が、ある家庭の夫に対して「酒場の恐ろしさ」を語る。しかしその夫の心中にあるのは、酒場は金がないときでもツケで飲食をさせてくれる親切な場所であり、女性の言う「恐ろしさ」と酒場とは、その男性の中ではまったく結びつかない。そのため、女性の話は、禁酒の勧めというありきたりの話として受け止められ、その男性の心に何も響かないで終わってしまう（Addams, 1902=2002, pp. 18–19）。

慈善活動の訪問者たちは移民労働者の街区できわめて頻繁に直面する、経験している世界の根本的相違に基づくこのようなすれ違い、相互理解の困難さにまさに当惑する。しかしアダムズによれば、この当惑は、徒労ではなく、相互の経験を架橋する可能性の端緒であった。すなわちアダムズが警告したことは、慈善活動に関心をもつ人間の道徳の概念が、その活動が向けられる人々の生活との具体的な関係をもてなければ、それは結局のところ実際に生きられている経験から遊離したものになってしまうということである（Addams, 1902=2002, p. 33）。

ボス政治家に選挙で勝てなかった理由

アダムズは、いかに彼らが道徳的に堕落しているとしても、実際の有権者の中で一緒に生活している市会議員たちが、人々の日常とそこでのニーズを手に取るように理解していることに注意を促している。アダムズたちの第一九区で当時、絶大な権力を誇っていたのは、ジョン・パワーズ（一八五二―一九三〇）というボス政治家だった。アイルランド生まれのパワーズは、一八七二年にシカゴにやってくると雑貨店と酒場の経営で身を立て、シカゴ市第一九区の民主党の市会議員に昇りつめた。ときには対立候補とマフィア顔負けの激しい抗争を展開しつつ、アイルランド系に代わってイタリア系やユダヤ系住民が増加した後も、彼は長きにわたり議席を守り続けた。このパワーズは、アダムズたちが推薦した清廉な対立候補をことごとく打ち破った（Davis, 1973）。

『民主主義と社会倫理』の中でアダムズは、そのパワーズを念頭に置いて次のようなエピソードに触れている。選挙戦に際して、ある風刺画家が二人の候補を対照的に描いた。現職の議員は豪華な食卓で、酔客たちに囲まれてシャンパンを飲んでいる姿として描かれたのに対して、対立候補であるレンガ職人は、造りかけの壁のところに座って質素な食事をとっている姿として描かれた。風刺画の中に描かれた通行人がこの両者を見て、どちらの候補がよいかと尋ねる。描き込まれた通行人の質問にこめられた風刺画の意図は、質素な食事をしているレンガ職人が、労働者たちの代表としてふさわしいというものだった。

しかし、アダムズによれば徐々にわかったことは、多くの貧しい有権者たちは、シャンパンを飲み、シャツにダイヤモンドを着けている現職のほうが、レンガ職人よりも候補として望ましいと考えているということだった。なぜか。少なくない有権者たちが、自分たちと同じ境遇にあるレンガ職人が自分たちの代表になることを恥ずかしがったのである（Addams, 1902=2002, pp. 112–113）。

人々の行動にどのように具体的な変化をもたらすか

それではアダムズは、慈善活動をする人々もまた、移民たちの成功に対する基準におもねり、悪辣な家主や堕落した市会議員たちと同様に豪奢な服を身にまとい、贅沢な暮らしをすることを勧めたのだろうか。答えは否である。

アダムズが主張したことは、人々の低次の本能を取り込もうとするニーズではなく、改革の担い手が引き受けることのできる別のニーズとは何かを見出すことだった。情実にまみれた旧来のニーズを、別の新しいニーズに置き換えることに仮に成功するならば、たとえばクリスマスに七面鳥を届けてくれる議員に対する、ある母親の感謝の気持ちを、彼女の小さな子どもたちのために幼稚園を整備する市へと向け変えることができるだろうこと、あるいはまた、自分の息子を留置所から釈放することに尽力してくれたボスに対する、ある父親の忠義の念を、青少年のために運動場や読書室を整備する市当局へと向け変えることができるだろうことをアダムズは構想した（Addams, 1902=2002, p. 116）。街区の移民たちとボス政治家たちとの強いつながりが、個々のニーズを媒介とした忠誠にあるならば、ニーズとそのニーズの提供のあり方それ自体を変化させることによって、忠誠をボス政治家たちにではなく、改革を行っている側に向かわせることはできるはずである。

こうした構想の中でアダムズは、さまざまな取り組みの試みはそれらが行動（action）に結実するまでは、その価値を計ったり、その動機の確かさを主張したりすることはできないと主張した。

というのも、行動は倫理が表出されるための唯一の媒介だからである。われわれがついつい忘れてしまうのは、道徳の領域は行動の領域であるということであり、道徳に関して思案することはただの観察でしかなく、どうあっても知的なコメントをしているという段階にとどまっているということであり、ある具体的な事例の中で何がなされなければならないのかに直面しないことには、状況は本当には道徳的なものにならないということである。

（Addams, 1902=2002, p. 119）

アダムズは、自助を説いて回り「あれはだめ、これはだめ」と移民たちに説諭する慈善組織協会の実践家が暗黙のうちに想定しているように（Trattner, 1999, p. 97）、移民労働者の意識改革を行うことで、状況の改善を図ることを決して主張しなかった。声高に訴えられる公共性が人々に浸透した結果として、人々の日常の意識が変わり、それに伴なってふるまい方に変化が訪れるのではない。事態はその逆であり、彼らのふるまいとそれを日々の生活の中で紡ぎだしている社会的関係性とを変えることなしに、シカゴの街区の道徳的改善がもたらされることはないことをアダムズは見抜いていた。

人々の行動に具体的な変化をもたらすための前提として、当惑を経由しつつまず把握される必要のある移民労働者たちが日々生きている生（life）を、アダムズはデューイと同様に経験という言葉で把握した。ボスの命令に従わなければ、飢えるしかない。そのような生の中で生きられている経験の下では、政治とは情実と役得のことであり、自治とはボスを喜ばせ、ギャングの味方をすることを意味するということを人々はごく自然に身につける（Addams, 1902=2002, p. 114）。このことをアダムズは身にしみて理解していたのである。

4　民主主義を民主的に生み出すためのプラグマティズム

本章のまとめとして

民主主義の実現を、専門家や知識人といった知的エリートたちだけが進めていくことはありうる。ただそれは、民主主義を民主的でないかたちで生み出すことになるだろう。それに対してアダムズが求めたのは、民主主義を民主的に生み出す取り組みだったと言える。民主主義を民主的に生み出すには、まず何が必要か。それは『民主主義と社会倫理』のエピソードに沿えば、金持ちの家主が憤慨の対象でありつつも尊敬されている理由、貧しい有権者たちが豪奢な暮らしをするボスを職人よりも候補として望ましいと考える理由、言わばある人びとがその日々の生活の中で共有している生きた意味を、当惑しつつも共感をもって理解することである。それは人々の経験におもねることを意味するわけではない。アダムズが示そうとしたのは、そのような共感的な理解からしか、人々の経験を別様の方向へと内在的かつ批判的に向け変えていくことはできず、したがって民主主義を民主的に生み出すことはできないということである。

共有されている意味の探究と経験の再構築とをプラグマティズムとして理解してよければ、民主主義を民主的に生み出そうとするアダムズの取り組みは、まさにプラグマティズムに立脚したものだった。たとえ遠回りに見えたとしても、プラグマティズムなしに民主主義は民主的に創造されない。その意味で、プラグマティズムと民主主義の密接な連環を、世紀転換期のシカゴでのソーシャル・セツルメントの実践から、アダムズはわれわれに示してくれているのである。

［参考文献］

井上弘貴『ジョン・デューイとアメリカの責任』、木鐸社、二〇〇八年。
平体由美『連邦制と社会改革——20世紀初頭アメリカ合衆国の児童労働規制』、世界思想社、二〇〇七年。
米澤正雄「ジェーン・アダムズのセツルメント論⑷——労働博物館（Labor Museum）の構想と実践」、『日本デューイ学会紀要』第三三号、六一—六六頁、一九九二年。
Abbott, C., *Boosters and Businessmen: Popular Economic Thought and Urban Growth in the Antebellum Middle West*, Greenwood Press, 1981.
Addams, J., *Democracy and Social Ethics*, University of Illinois Press, 2002.（First published 1902）.
———, "A Toast to John Dewey", ed. by C. H. Seigfried, *Feminist Interpretations of John Dewey*, Pennsylvania State University Press, 2002.（First published 1929）.
Brown, V. B., "Introduction: Jane Addams Constructs Herself and Hull-House", J. Addams, *Twenty Years at Hull-House*, Bedford/St. Martin's, 1999.
Davis, Allen F., *American Heroine: The Life and Legend of Jane Addams*, Oxford University Press, 1973.
Recchiuti, J. L., *Civic Engagement: Social Science and Progressive-Era Reform in New York City*, University of Pennsylvania Press, 2007.
Rodgers, D. T., *Atlantic Crossings: Social Politics in a Progressive Age*, Belknap Press of Harvard University Press, 1998.

Seigfried, C. H., "The Courage of One's Conviction or the Conviction of One's Courage? : Jane Addams's Principled Compromises", eds. by M. Fischer, C. Nackenoff, and W. E. Chmielewski, *Jane Addams and the Practice of Democracy*, University of Illinois Press, 2009.

Simkhovitch, M. K., *Neighborhood: My Story of Greenwich House*, W. W. Norton, 1938.

Trattner, W. I., *From Poor Law to Welfare State: A History of Social Welfare in America*, 6th ed., Free Press, 1999.
（旧版の訳書として『アメリカ社会福祉の歴史——救貧法から福祉国家へ』、古川孝順訳、川島書店、一九七八年）

文献案内

新　茂之

はじめに

プラグマティズムは、一九世紀中葉に米国で生まれた思潮である。本書『プラグマティズムを学ぶ人のために』は、その題名が示すとおり、そのプラグマティズムが揺籃期から今日に至るまでどのような考え方を提案しようとしてきたのか、その思想的動向をこれから勉強する人たちの導き手になるように企図した入門書である。読者は、本書のはじめから通読してもよいし、関心のある主題を絞ってそれを扱っている章にまずは注目してもよい。

本書とは別に、各章の執筆者は、それぞれの立場から、プラグマティズムに関する洞察、あるいは、それに関連する独自の論究を公にしている。インターネットが普及している現代にあっては、そうした書物についての情報は、すぐに手に入る。各章の担当者がどのような視座を持っているのか、それを詳しく知りたい人は、そのような媒体を積極的に利用してもよい。というのも、断片的でしかない情報を、紙幅の制約も勘案して、あえてここで示すよりも、インターネットを使った方がさまざまな知識に広く触れられるからである。

確かに、インターネットの中では、われわれは、ときに、それほど有益でなかったり、場合によっては、誤っていたりする事項に遭遇する。あるいは、情報の膨大な量がわれわれを圧倒する。しかし、プラグマティズムの観点からすれば、実際的な活動の前に確定しているような意味はどこにもない。実際に取り組んでみてはじめて違いが明らかになる。しかも、本書を読んでいれば、それほど大きく道から逸れることはない。たとえ道に迷ってしまったとしても、その都度、本書に戻ってくればよい。本書は、そのときに進むべき道を示唆してくれるはずである。本書を手に取って、失敗を恐れず、情報の大海原に漕ぎだそう。その意味では、この文献案内そのものがもはや無用であるようにも思われる。なぜなら、本書の各章は、本書を読み終えプラグマティズムの研究をみずから進めていこうとする読者に対しても、すでにその導き手になっているからであり、われわれは、文献の検索に便利な道具を持っているからである。

当然のことながら、各執筆者は、各自の立ち位置からそれぞれの論考を展開している。それゆえ、ジェイムズの見立てに従えば、各章の考究は、論者の趣向に依存している。われわれがプラグマティズムに着目しているのは、プラグマティズムが普遍的で絶対的で必然的な真理を語っているからではない。そうではなく、プラグマティズムの発想は、他の哲学に比べると、われわれの性に合っているのである。そのうえで、われわれは、現代を見とおすための方策の一つとしてプラグマティズムの方法を推奨している。ここに本書の企画の意図がある。このように、それぞれの章は、誤解を恐れずに言えば、その担当者の好みに合った視点を提供している。プラグマティズムの、こうした基本的な姿勢から、編者の一人として、本書の読者に対しては、次のような思いを持っている。すなわち、本書に目を通して少しでもプラグマティズムの見方に興味をもつことができれば、本書で取り上げた哲学者の原典に直接に触れ、みずからの趣味をもってプラグマティズムの発想を味わってほしい、と。

すると、本書で取り上げた哲学者の多くは、英語圏に所属しているから、彼らが母語の英語で書いた文献を読むことが肝要になる。しかしながら、本書の性格を考えれば、読者にはまずは邦訳の書物を薦めるべきであろう。文献案内では、現在刊行中の文献を中心に、プラグマティズムの原著に日本語で触れられる書物を、網羅的ではないにせよ、紹介しておこう。

▼パース、ジェイムズ、デューイ

パース、ジェイムズ、デューイの基本的な考え方を知る上では、

植木豊編訳『プラグマティズム古典集成』、作品社、二〇一四年

が役に立つ。編訳者は、一冊の本に、本書の第I部の主題となっている古典的プラグマティズムを先導したパース、ジェイムズ、デューイの論考をまとめている。そのために本訳書はかなり厚くなっている。とはいえ、『プラグマティズム古典集成』は、彼らの主張したプラグマティズムを俯瞰できるよう編集に工夫を凝らしている。そこには編訳者の解説も入っているので、本書とあわせて本訳書を読めば、古典的プラグマティズムの土台を多角的に捉えられる。

本書の考究を射程に入れて、パースのプラグマティズムに限定して文献を挙げるとすれば、

米盛裕二編訳『現象学』(パース著作集1)、勁草書房、一九八五年
内田種臣編訳『記号学』(パース著作集2)、勁草書房、一九八六年
遠藤弘編訳『形而上学』(パース著作集3)、勁草書房、一九八六年

がある。これらは専門的な内容を扱っており、初学者にとっては、その読解は難しいかもしれない。しかしながら、たとえば、パースの記号論の射程は長く、その応用は、哲学の認識論に留まらず、建築、写真、文学といった領域にまで及んでいる。記号についての理論をパースから学ぼうと考えている人は、『記号学』に挑戦してもよい。

パースに関連して注目してほしいのは、

伊藤邦武編訳『連続性の哲学』、岩波文庫、二〇〇一年

である。パースは、みずからの立場を連続主義と呼びならわしている。『連続性の哲学』は、パースが一八九八年に行った一連の講演〝Reasoning and the Logic of Things〟からの編訳である。連続性を強調する見地からパース

のプラグマティズムを理解しようとするとき、本訳書は、日本では欠かせない書物となっている。ジェイムズの代表的な著作に関しては、本書第2章で、ジェイムズのプラグマティズムを専門的に研究している執筆者が、その内容を、端的に、かつ、的確に整理している。第2章を読めば、ジェイムズがそれぞれの書物で照準を定めている主題が分かる。ここで屋上屋を架す必要もあるまい。

デューイの著作についても、本書第3章が日本語で読める文献を挙げている。それら以外で取り上げようとすれば、次のようになるだろう。

河村望訳『哲学・心理学論文集』（デューイ=ミード著作集1）、人間の科学社、一九九五年

これは、デューイが最初期に書いた諸論文を納める。たとえば、「唯物論の形而上学的前提」と「スピノザの汎神論」は、カント的な見地から、精神的世界の独立性を担保しようとしている。その後、デューイは、ヘーゲル主義的な観念論に傾き、心理学の観点も取りいれて、「心理学的観点」と「哲学的方法としての心理学」を著す。研究者たちは、当時のデューイの立場を有機体的観念論として特徴づけている。若いころのデューイの考え方を知りたい人は、本訳書をひもとこう。

この他に、デューイが倫理学を主題にして執筆した著作も日本語で読める。

河村望訳『人間性と行為』（デューイ=ミード著作集3）、人間の科学社、一九九五年

河村望訳『倫理学』（デューイ=ミード著作集10）、人間の科学社、二〇〇二年

デューイは、たとえば、『人間性と行為』のなかで、習慣、衝動、知性が行為をとおしてどのように結びつきあっているのか、その機作を問い、道徳性と人間の本性との係わりを明らかにしようとしている。『倫理学』に従えば、われわれの本性は、みずから選択する行為の中に現れる。それゆえ、道徳は、デューイにあっては、行為の意味的な成長を指す。このように、デューイが倫理学の問題にどのように取り組んだのか、彼の倫理学的な探究を別の視

角からつかもうとするとき、右の二つの書物に目を向けてもよいのではないか。

デューイの著作に関して最後に挙げておきたいのは、デューイの芸術論である。これには二つの訳書がある。

河村望訳『経験としての芸術』(デューイ=ミード著作集12)、人間の科学社、二〇〇三年

栗田修訳『経験としての芸術』、晃洋書房、二〇一〇年

特に、後者では、訳者は、いわゆる直訳を避け、訳者みずからが語句を補って、翻訳を試みている。二つの邦訳書を比較して読むのもおもしろいかもしれない。

▼クワイン

現在手に入る、クワインの代表的な著作の邦訳書は、本書第4章に明らかである。第4章を手引にして、ぜひとも、「経験主義の二つのドグマ」を含む『論理的観点から』と『ことばと対象』の読解に挑んでほしい。なるほど、『ことばと対象』は、五〇〇頁に及ぶ大著になっている。初学者にとっては、それを読破するのに相当に骨が折れるかもしれない。とはいえ、第4章の解析にあるように、「翻訳の不確定性」という、クワインの有名な考え方は、『ことばと対象』に由来している。それだけでもこれを読む価値は十分にある。その際に本書が助けになることは、もはや繰り返すまでもない。他には、

伊藤春樹・清塚邦彦訳『真理を追って』、産業図書、一九九九年

がある。これは、クワインが晩年に著した *Pursuit of Truth* の邦訳書であり、クワインが生涯にわたって行ってきた思索をまとめあげている。その意味で、『真理を追って』は、本書と並んで、『論理的観点から』と『ことばと対象』でクワインが拠って立とうとした立脚地を見定めていく上で参考になろう。

▼セラーズ

セラーズの見方を日本語で把握しようとするとき、本書第5章の担当者が訳出している、

浜野研三訳『経験論と心の哲学』、岩波書店、二〇〇六年

を挙げないわけにはいかない。なるほど、クワインの知名度と比べれば、セラーズのそれは、劣りはする。しかしながら、第5章を読めば分かるように、セラーズの本著作がプラグマティズムの展開を追跡していくときに外してはならない重要な文献であることは論を俟《ま》たない。その一方で、多くの人は、『経験論と心の哲学』の難解さを指摘する。とはいえ、本書があれば、そのことをそれほど恐れなくてもよい。『経験論と心の哲学』にはブランダムによる注釈の訳出もあるので、安心してそれを読めるはずである。

▼ローティ

日本語で読めるローティの代表的な著作の中でも、現在刊行中の邦訳書は、本書第6章でも挙がっているように、

野家啓一監訳『哲学と自然の鏡』、産業図書、一九九三年

齋藤純一他訳『偶然性・アイロニー・連帯――リベラル・ユートピアの可能性』、岩波書店、二〇〇〇年

室井尚他訳『プラグマティズムの帰結』、ちくま学芸文庫、二〇一四年（同『哲学の脱構築――プラグマティズムの帰結』〔御茶の水書房、一九八五年〕を文庫化したもの）

である。これら以外には、

冨田恭彦・戸田剛文訳『文化政治としての哲学』、岩波書店、二〇一一年

がある。本訳書は、ローティが刊行した生前最後の論文集 *Philosophy as Cultural Politics: Philosophical Papers* の翻訳である。原著は、一九九六年から二〇〇六年にかけてローティが執筆した一三編の論文から成る。『文化政治

としての哲学』は、そのうち一〇編を選定している。『文化政治としての哲学』は、その書名が露わにしているように、文化、政治、科学、宗教の領域に及ぶ、ローティの独創的な論究を収録している。やはり、ここにも、ジェイムズならびにデューイが代表している古典的プラグマティズムとヨーロッパの大陸的な思想とを、ウィトゲンシュタインの哲学をも射程に入れながら、架橋する、という、ローティの一貫した試みが流れている。

▼デイヴィドソン

本書第7章がデイヴィドソンの邦訳書を章末に一覧にしている。第7章の担当者は、デイヴィドソンの考え方をプラグマティズムとの関連で精緻に議論しているので、第7章の叙述を追っていけば、デイヴィドソンの各著作の主題をつかめる。蛇足と重複を覚悟にひとこと付言しておけば、

服部裕幸・柴田正良訳『行為と出来事』(抄訳)、勁草書房、一九九〇年

は、行為についてデイヴィドソンの考え方を追跡するためには必須である。

野本和幸他訳『真理と解釈』(抄訳)、勁草書房、一九九一年

には、デイヴィドソンがクワインに対する批判をもくろんで執筆した「根源的解釈」「概念枠という考えそのものについて」「指示の不可測性」がある。本書を片手にこれらの論文をぜひ読んでほしい。

清塚邦彦他訳『主観的、間主観的、客観的』、春秋社、二〇〇七年

は、一四編の論文を納める。清塚邦彦氏による詳しい解説「外部主義と反還元主義」がある。これにも目を通せば、本書の読者は、知識に関するデイヴィドソンの立ち位置を多角的につかめる。

金杉武司他訳『合理性の諸問題』、春秋社、二〇〇七年

にも一四編の論文がある。この中で、デイヴィドソンは、合理性という概念を軸にして、言語哲学と心の哲学の二

つの領野をまとめあげようとしている。そこには、デイヴィドソンのインタヴューもあるので、デイヴィドソンに興味のある人は、一読してもよいのではないか。

柏端達也他訳『真理・言語・歴史』、春秋社、二〇一〇年

は、デイヴィドソン最晩年の論文集であり、「墓碑銘のすてきな乱れ」をはじめ、研究者たちがよく引用する論考を所収している。

津留竜馬訳『真理と述定』、春秋社、二〇一〇年

は、第7章にもあるように、デイヴィドソンの死後に出た論文集であり、その意味で、デイヴィドソンの遺作である。本書はデイヴィドソンがみずから行った講演に基づいている。表題にあるように、デイヴィドソンは、述定をめぐる問題に新たな光を投げかけようとしている。

本書第Ⅲ部の各章は、第Ⅰ部と第Ⅱ部が注目している著作だけではなく、ここで紹介している文献の他に、さまざまな書物を参照している。それらを集めるだけでも、多岐にわたる文献の一覧になる。読者は、興味のある章をまずは通読し、本書を手引として、勉強の幅を広げていってほしい。本書は、その航海のための羅針盤である。

＝事項索引＝

〈ア 行〉

〈カ 行〉

〈サ 行〉

〈タ 行〉

〈ナ 行〉

＝人名索引＝

〈ア 行〉

〈カ 行〉

〈サ 行〉

〈タ 行〉

〈ナ 行〉

〈ハ 行〉

〈マ 行〉

〈ラ 行〉

松下 晴彦（まつした　はるひこ）
1957 年生まれ。名古屋大学大学院教育学研究科博士後期課程満期退学。博士（教育学）。現在，名古屋大学大学院教育発達科学研究科教授。
執筆担当：第 9 章「意味論」

江川　晃（えがわ　あきら）
1954 年生まれ。日本大学大学院文学研究科博士後期課程満期退学。修士（文学）。現在，日本大学文理学部・法学部・商学部・国際関係学部兼任講師。
執筆担当：第 10 章「科学哲学」

加賀 裕郎（かが　ひろお）奥付の編者紹介参照
執筆担当：第 11 章「存在論」

早川　操（はやかわ　みさお）
1952 年生まれ。コロンビア大学大学院 Ph. D.課程教育哲学専攻修了。Ph. D.（哲学）。現在，椙山女学園大学教育学部教授，名古屋大学名誉教授。
執筆担当：第 12 章「二〇世紀教育理論」

苫野 一徳（とまの　いっとく）
1980 年生まれ。早稲田大学大学院教育学研究科博士課程単位取得満期退学。博士（教育学）。現在，熊本大学教育学部准教授。
執筆担当：第 13 章「現代教育」

宮崎 宏志（みやざき　ひろし）
1963 年生まれ。同志社大学大学院文学研究科博士課程後期課程退学。博士（哲学）。現在，岡山大学大学院教育学研究科准教授。
執筆担当：第 14 章「倫理学」

井上 弘貴（いのうえ　ひろたか）
1973 年生まれ。早稲田大学大学院政治学研究科博士後期課程満期退学。博士（政治学）。現在，神戸大学大学院国際文化学研究科准教授。
執筆担当：第 15 章「民主主義論」

〔執筆者紹介〕（執筆順）

伊藤 邦武（いとう　くにたけ）
1949 年生まれ。京都大学大学院文学研究科博士課程修了。博士（文学）。現在，龍谷大学文学部教授，京都大学名誉教授。
執筆担当：序

新　茂之（あたらし　しげゆき）奥付の編者紹介参照
執筆担当：第 1 章「パース」，「文献案内」

冲永 宜司（おきなが　たかし）
1969 年生まれ。京都大学大学院人間・環境学研究科博士後期課程修了。博士（人間・環境学）。現在，帝京大学文学部教授。
執筆担当：第 2 章「ジェイムズ」

藤井 千春（ふじい　ちはる）
1958 年生まれ。筑波大学大学院博士課程教育学研究科修了。博士（教育学）。現在，早稲田大学教育・総合科学学術院教授。
執筆担当：第 3 章「デューイ」

小口 裕史（おぐち　ひろふみ）
1960 年生まれ。東京大学大学院総合文化研究科博士課程単位取得満期退学。修士（文学，理学）。現在，早稲田大学・武蔵野美術大学・日本大学非常勤講師。
執筆担当：第 4 章「クワイン」

浜野 研三（はまの　けんぞう）
1951 年生まれ。ペンシルベニア大学大学院修了。Ph. D.（哲学）。現在，関西学院大学文学部教授。
執筆担当：第 5 章「セラーズ」

柳沼 良太（やぎぬま　りょうた）
1969 年生まれ。早稲田大学大学院文学研究科博士後期課程修了。博士（文学）。現在，岐阜大学大学院教育学研究科准教授。
執筆担当：第 6 章「ローティ」

高頭 直樹（たかとう　なおき）奥付の編者紹介参照
執筆担当：第 7 章「デイヴィドソン」

笠松 幸一（かさまつ　こういち）
1947 年生まれ。日本大学大学院文学研究科博士課程修了。現在，日本大学非常勤講師。元日本大学文理学部教授。
執筆担当：第 8 章「記号学」

〔編者紹介〕

加賀 裕郎（かが　ひろお）
1955 年生まれ。同志社大学大学院文学研究科博士課程単位取得満期退学。博士（哲学）。現在，同志社女子大学現代社会学部社会システム学科教授。
［著書］『現代教育学のフロンティア』（編著，世界思想社），『現代哲学の真理論』（編著，同），『デューイ自然主義の生成と構造』（晃洋書房）
高頭 直樹（たかとう　なおき）
1949 年生まれ。早稲田大学大学院文学研究科博士課程満期退学。Ph. D.（哲学）。現在，兵庫県立大学名誉教授。
［著書］『「考える時間」のヒント』（北樹出版），パトナム『プラグマティズム』（翻訳，晃洋書房），マーフィー／ローティ『プラグマティズム入門』（翻訳，勁草書房）
新　茂之（あたらし　しげゆき）
1967 年生まれ。同志社大学文学研究科博士後期課程単位取得満期退学。博士（哲学）。現在，同志社大学文学部教授。
［著書］『ケアリングの現在』（共著，晃洋書房），『現代哲学の真理論』（共著，世界思想社），『パース「プラグマティズム」の研究』（晃洋書房）

プラグマティズムを学ぶ人のために

2017 年 4 月 30 日　第 1 刷発行　　定価はカバーに表示しています

編　者　加　賀　裕　郎
　　　　高　頭　直　樹
　　　　新　　　茂　之

発行者　上　原　寿　明

世界思想社
京都市左京区岩倉南桑原町 56　〒 606-0031
電話 075(721)6500
振替 01000-6-2908
http://sekaishisosha.jp

落丁・乱丁本はお取替えいたします。　（印刷・製本 太洋社）

ISBN978-4-7907-1698-3